PROXIMA LOGBUCH 1: MARCHENKOS KINDER

Hard Science Fiction

BRANDON Q. MORRIS

BRANDON Q.
MORRIS
HARD SCIENCE FICTION

ISBN: 978-3-96357-211-1

Lizenzausgabe des Belle Époque Verlags, Dettenhausen, mit freundlicher Genehmigung des Autors.

Brandon Q. Morris c/o Matthias Matting

Sieglgut 51, 94034 Passau

www.hardsf.de

brandon@hardsf.de

Lektorat: Dr. Ulrike Bunge

Korrektorat: Alexandra Gentara

Covergestaltung: Jelena Gajic

Druck: Custom Printing, Warszawa, Polen

BE
Belle Époque Verlag

Inhalt

Marchenkos Kinder

Hellnacht 3, 3882

»Lange … nicht gesehen!«

Das unförmige Wesen zwinkert ihnen mit dem Frontauge zu. Es scheint nach den richtigen Worten zu suchen. Adam tritt einen Schritt zurück, doch dann erkennt er, wen er vor sich hat.

»Gronar!«, ruft er.

Die Bauchfalten des Grosnopfes bewegen sich flatternd. Dann breitet er die dreigliedrigen Tastarme aus, legt die Lastarme hinter den Rücken und macht sich kleiner, indem er sich auf seine Beine setzt. Eva legt ihrem alten Freund die Arme auf die Schultern, wobei sie sich über den ausgeprägten Bauch beugen muss. Gronars direkt auf dem Rumpf sitzender Kopf bewegt sich vor Freude leicht hin und her.

Adam reicht dem Außerirdischen die Hand. Gronar erinnert sich offenbar noch an das menschliche Ritual. Seine sieben zarten Tastfinger landen in Adams Handfläche. Sie sind kühl. Draußen ist es frisch, typisch für die beginnende Hellnacht, und die Grosnopfe sind wechselwarme Wesen. Wie lange haben sie sich nicht gesehen? Acht Jahreszeiten sind vergangen, jede mit sieben Wochen à sieben Tage, plus die sechzehn Wechseltage, seit sie mit Gronar auf der Majestätischen Dracht diesen Planeten erreicht haben.

»Es wird auch Zeit, dass du mal wieder bei uns vorbeischaust«, sagt Adam.

Eva sieht ihn verärgert an. Sie hat recht, das war grimmiger, als er es hatte sagen wollen. Dabei ist er doch froh, den alten Freund wiederzusehen.

»Entschuldige, Gronar«, sagt er. »Wir freuen uns sehr. Es ist schön, dass ihr endlich zurück seid.«

Gronar bewegt die Lastarme hin und her, was dem menschlichen Nicken entspricht. Vermutlich versteht er die Nuancen der menschlichen Sprache noch gar nicht wieder. Die Grosnopfe verständigen sich in einem umfangreicheren Frequenzbereich, der bis in den Ultraschall geht. Das können Menschen nicht vokalisieren, also muss Gronar sich beherrschen und gewissermaßen dauernd seine Stimme verstellen.

»Das stimmt«, sagt Gronar. »Es wurde wirklich Zeit, wieder zurück zu Zweisonne zu kommen. Einsonne ist interessant, aber es ist nicht unsere Heimat. Wie geht es euch? Was machen Adam und Eva 2?«

»Die gibt es nicht mehr«, sagt Eva.

Gronars Magenfalte macht schmatzende Geräusche. Ihr außerirdischer Freund ist erschrocken.

»Keine Sorge, es geht ihnen gut«, beruhigt ihn Eva. »Aber sie waren es leid, mit uns verwechselt zu werden. Jetzt heißen sie Kirsten und Marcus.«

»Kür-Stein und Maar-Kuss? Und wer ist wer?«

»Kirsten ist der weibliche Name.«

»Entschuldige, Eva, mein Gedächtnis – du bist das Weibchen, Adam ist das Männchen, stimmt's?«

»Das hast du dir richtig gemerkt.«

»Ah, dann ist Eva 2 jetzt Kür-Stein und Adam 2 …«

»Marcus«, sagt Eva.

»Und euch? Geht es euch gut?«

»Wir können nicht klagen«, sagt Adam.

»Oh, das tut mir leid«, antwortet Gronar. »Was fehlt euch denn dazu?«

»Das ist eine Redensart«, erklärt Eva. »Sie bedeutet, dass es uns gut geht.«

»Ah, ihr wollt gar nicht klagen?«

»Nein, oder vielleicht doch, manchmal tut es gut, sich zu beklagen«, sagt Eva.

»Verstehe«, sagt Gronar langsam.

Nein, du verstehst es nicht, denkt Adam. Aber das macht nichts, wir verstehen es ja auch nicht. Schön, dass du es zumindest versuchst.

»Seid ihr denn alle wieder zurück?«, fragt Eva.

Sie will auf den Menschen hinaus, auf den wohl am besten die Bezeichnung Vater passen würde: Marchenko, der sie aufgezogen, begleitet und immer wieder gerettet hat. Er war mit Gronar gemeinsam zurück zu der Welt geflogen, auf der sie alle zunächst gestrandet waren. Warum hat er Gronar nicht begleitet?

»Ich soll euch herzlich von Marchenko grüßen. Er hat noch Probleme mit seinem Körper. Der alte wurde auf Proxima b beschädigt, und der neue wird erst morgen fertig sein.«

Das ist eine gute Erklärung. Der Computer in ihrem Bungalow ist nicht leistungsfähig genug, um Marchenkos Bewusstsein zu beherbergen, also braucht er einen anderen Träger.

»Danke, grüß ihn bitte herzlich von uns«, sagt Eva.

»Wir freuen uns, dich zu sehen«, sagt Adam, »aber du kommst doch sicher aus einem bestimmten Grund?«

Gronar entlässt Eva aus der Umarmung und reibt sich den Bauch.

»Das stimmt«, sagt er. »Ich habe den Auftrag, euch zum Schlüpf-Ritual einzuladen.«

»Ist das Schlüpf-Ritual«, fragt Eva, »das, wonach es klingt?«

»Ich weiß nicht, wonach es für dich klingt. Es ist der Tag, an dem sich die jungen Grosnopfe aus ihren Eiern befreien. Für unsere Gesellschaft ist es der Höhepunkt des Jahres.«

»Es ist uns eine Ehre, daran teilzunehmen«, sagt Eva.

»Ihr ladet uns zum ersten Mal dazu ein. Hat das etwas zu bedeuten?«, fragt Adam.

Gronar legt ihm eine Tasthand auf die Schulter und massiert damit seine Nackenmuskeln.

»Natürlich hat das etwas zu bedeuten«, sagt er. »Aber das erfahrt ihr erst anschließend.«

»Das ist gemein, Gronar«, sagt Eva, »spann uns doch nicht so auf die Folter!«

»Du musst deine Neugier wohl noch etwas zügeln.«

»Hätte ich damals auf Proxima b meine Neugier im Zaum gehalten, wärst du nie aus dem Kälteschlaf erwacht. Dann wärst du jetzt wahrscheinlich immer noch ein Eisblock.«

»Und du wärst Asche, Eva.«

Sie zischen mit dem Schwebeboot dicht über dem Boden dahin. Eva fragt ihren Fahrer über die vergangenen Jahre aus, in denen er die verbliebenen Schläfer von Proxima b gerettet hat, aber Gronar ist wortkarg. Schließlich schläft Adam ein.

»Wir sind da«, sagt Gronar und steigt von dem Balken, der den Fahrersitz des Schwebebootes bildet.

Dabei streckt er seine Beine fast völlig durch. Jetzt sieht man erst, wie riesig Gronar ist – bestimmt über drei Meter. Normalerweise hat er die Sprungbeine in den Knien angewinkelt, sodass er kaum größer als ein Mensch wirkt.

Adam sieht nach unten. Der Luftstrom der drei Turbinen des Fahrzeugs drückt das rötlich-braune Gras nach unten, das hier nur spärlich wächst. Der Boden liegt etwa anderthalb Meter unter ihm und ist matschig. Er verzieht das Gesicht. Aber es ist sinnlos, sich zu beschweren, denn Gronar kann nicht verstehen, dass ihn der Schlamm stört. Trockenheit ist der größte Feind der Grosnopfe. Adam springt. Glück gehabt! Seine Füße versinken nur etwa drei Zentimeter tief. Ein paar Spritzer fliegen zur Seite und treffen die dicke, grüne Haut ihres Fahrers. Gronar bemerkt es, greift nach unten und schmiert den Klecks breit wie eine medizinische Creme. Dann schaltet er den Motor des Schwebebootes ab, und der Balken sinkt langsam zu Boden.

»Hier entlang«, sagt Gronar und zeigt mit dem langen Tastarm nach vorn.

Adam riecht das Meer bereits. Salzige Luft steigt ihm in die Nase und reinigt seine Atemwege. Sie laufen einen Hügel hinauf. Das Gras ist fast überall plattgetreten. Auf dem Kamm des Hügels sieht Adam, warum: Zahlreiche Grosnopfe säumen den breiten, schwarzen Strand. Sie alle warten auf das Ritual. Es ist still. Gronar bleibt stehen. Auch das Meer ist ruhig. Den Strand betreten die Zuschauer nicht. Dort lagern abertausende, im Licht der zwei Sonnen glänzende Kugeln. Das müssen die Eier sein. Einzelne Grosnopfe laufen am Strand auf und ab; vermutlich kontrollieren sie die Eier, aus denen bald neue Lebewesen schlüpfen werden.

»Wir haben Zeit«, sagt Gronar leise. »Die Muttersonne steht noch zu hoch. Sie würde die Schlüpflinge zu sehr austrocknen, bevor sie das Wasser erreichen.«

Seine Magenfalte öffnet sich, und Gronar zieht ein gefüttertes Tuch heraus. Es fasziniert Adam immer wieder, wie die Außerirdischen ihren mehrteiligen Magen zur Aufbewahrung nutzen. Gronar breitet das Tuch auf dem Boden aus, und sie setzen sich. Der Stoff ist völlig trocken, obwohl er gerade aus einem von Gronars Mägen kommt. Weil sie auf dem Hang sitzen, haben sie einen guten Blick auf das Geschehen.

»Die Mütter stehen in den vordersten Reihen«, erklärt Gronar.

Tatsächlich wirken die Außerirdischen ganz vorn besonders nervös.

»Wie viele Eier hat jede Mutter gelegt?«, fragt Eva.

»Sieben mal sieben, das ist das Ideal. Ein Plex, ein Wurf, würdet ihr sagen. Aber meist gelangen nicht alle Eier zur Reife. Manche Frauen legen deshalb mehr davon, auch auf die Gefahr hin, dass ihr Plex zu groß wird.«

»Wenn jede Frau jedes Jahr 49 Nachkommen hat, müsste eure Welt dann nicht längst überbevölkert sein?«, fragt Adam.

Gronar grunzt, das entspricht dem menschlichen Seufzen, erinnert sich Adam.

»Nein. Du wirst es gleich sehen.«

Die Muttersonne steht nur noch eine Hand breit über dem Horizont. Von ihr ausgehend färbt sich der sonst sattgrüne Himmel violett. Es dämmert. Die Vatersonne steht zwar noch im Zenit, aber sie ist so weit entfernt, dass sie nur ganz zarte Schatten wirft.

Die letzten Grosnopfe verlassen den Strand. Die Eier sind jetzt ganz sich selbst überlassen. Das Meer ruht bleischwer und schwarz.

»Es geht los«, sagt Gronar.

»Woher weißt du …?«

»Ich höre es im Ultraschall, Eva. Die Mütter stacheln ihre Kinder an, sich aus den Eiern zu befreien, und die Schlüpflinge reagieren, wenn sie reif genug sind.«

»Und wenn nicht?«, fragt Eva.

»Dann nicht«, sagt Gronar.

Eva betrachtet ihn mit einem prüfenden Blick.

»Was ist, Eva?«, fragt Gronar.

»Nichts, ich …«

»Schlüpflinge, die bis heute nicht reif sind, hätten sowieso keine Chance, es bis zur Dracht zu schaffen. Es ist besser, wenn sie in ihren Eiern sterben.«

»Sieh mal«, sagt Adam und zeigt nach vorn.

Die ersten der etwa kürbisgroßen Eier öffnen sich. Sie teilen sich in der Mitte, als würde jemand von innen einen Reißverschluss aufziehen. Das erste, was von den Schlüpflingen zu sehen ist, sind die dünnen Tastärmchen. Damit öffnen sie die Schale weiter. Sobald der Spalt groß genug ist, zerren sie ihren Körper heraus. Sie sehen aus wie Kaulquappen. Adam erinnert sich an die Bilder der Froschlarven, die Marchenko ihnen vor langer Zeit gezeigt hat.

Die Zuschauermenge stößt rhythmische Schreie aus. In ihrem Takt kriechen die Schlüpflinge durch den Sand. Mit den kräftigen Hinterbeinen stoßen sie sich ab und benutzen dabei den konusförmigen Kopf wie einen Rammbock, um ihre Geschwister zur Seite zu stoßen. Sie scheinen genau zu wissen, wo das Meer ist.

Aber nicht alle schaffen es. Ein besonders kräftiger Schlüpfling dreht kurz vor dem Wasser um. Er stürzt sich auf eines seiner Geschwister, schlägt ihm den kräftigen Lastarm in den Körper, und das Blut spritzt.

Eva kreischt kurz auf. Sie hat den Angriff wohl ebenfalls bemerkt.

»Hast du das gesehen?«, fragt sie. »Das Blut, es hat gespritzt!«

»Das war kein Blut«, sagt Gronar. »Es war Eidotter aus der Schwimmblase. Davon ernähren sich die Schlüpflinge in den ersten Stunden.«

Der Angreifer schiebt seinen Bauch über das Opfer. Es ist nicht zu erkennen, was passiert, aber Adam ahnt es: Die Magenfalte öffnet sich, und der Angreifer frisst sein Opfer.

»Warum fallen sie nicht alle übereinander her?«, fragt Adam.

»Weil es dumm ist«, antwortet Gronar. »Ihre Mütter haben es ihnen vor dem Schlüpfen sicher tausend Mal gesagt, aber die Hormone treiben manche trotzdem dazu.«

»Warum ist es dumm? So halten sie doch länger durch?«

»Nein, es macht sie langsam. Sie müssen ihre Kräfte nutzen, um sich im Wasser möglichst an die Spitze zu setzen.«

Die ersten Schlüpflinge stürzen sich in die See. Bald ist das Wasser aufgewühlt von ihren Paddelbewegungen. Etwa zehn von ihnen haben schnell einen ordentlichen Vorsprung. Das Hauptfeld kommt vielleicht zwanzig Meter dahinter. Es wird langsamer, nicht schneller, weil immer mehr Schlüpflinge sich gegenseitig bekämpfen, statt zu fliehen. Auf der Oberfläche breiten sich glänzende Streifen aus, die an Ölflecken erinnern.

»Diesmal ist es wirklich Blut«, sagt Gronar. »Ein paar von ihnen müssen stark verletzt sein. Das ist gar nicht gut.«

»Wieso?«, fragt Adam.

Gronar gibt ihm keine Antwort. Das ist unnötig, denn

mit einem Mal durchbrechen gezackte Fischrücken die Wasseroberfläche.

»Das sind Aaszähne«, sagt Gronar. »Sie jagen normalerweise nur in der Tiefe, aber wenn sie Blut wittern …«

Ein Wirbel nach dem anderen entsteht. Gegen einen ausgewachsenen Aaszahn haben die Schlüpflinge keine Chance. Einer der Angreifer taucht kurz aus dem Wasser und zeigt sein riesiges Maul mit den scharfen Zähnen, als würde er grinsen.

»Warum helft ihr ihnen nicht?«, fragt Eva.

»Das würde gegen das Ritual verstoßen. Sie müssen ihren Weg selbst finden. Wenn sie eine Hellnacht überstanden haben, sind sie stark genug, sich gegen die Aaszähne zur Wehr zu setzen und ihre Geschwister zu rächen.«

»Wann kommen sie zurück?«, fragt Adam.

»Nach einem Jahr, also nach einer Hellnacht und einer Dunkelnacht.«

»Hättest du nicht gewollt, dass dir jemand hilft?«, fragt Eva.

»Meine Mutter hat mir geholfen, indem sie mich gut vorbereitet hat. Ich hatte ihre Warnung im Kopf und war einer der ersten in der Tiefsee.«

»Aber wenn sie dich am Strand beschützt hätte?«

»Dann hätte ich mich auch gleich vom nächsten Aaszahn fressen lassen können. Ich wäre nie ein richtiger Grosnopf geworden.«

»Kommen alle zurück?«

»Wie meinst du das, Eva? Die wenigsten kommen zurück, aber die, die es schaffen, sind stark.«

»Sie könnten ja auch draußen bleiben.«

»Als Außenseiter? Ich habe davon gehört, dass es irgendwo ganze Gruppen davon geben soll, aber ich habe noch nie einen gesehen. Es ist schwer ohne die Gemeinschaft.«

»Bei uns auf der Erde«, sagt Eva, »legt man Schlüpflinge, die noch nicht ganz ausgereift sind, in eine Maschine, einen Inkubator, bis sie groß genug sind.«

»Oder man steckt sie ungefragt in ein Raumschiff und schießt sie mit 20 Prozent der Lichtgeschwindigkeit allein zu einem anderen Planeten«, sagt Adam. »Ich glaube, wir sind die letzten, die Gronars Volk Vorwürfe machen können.«

Eva antwortet nicht. Die Schreie der Zuschauer werden leiser. Auf dem bestimmt achthundert Meter langen Strand bewegen sich jetzt nur noch ein paar Schlüpflinge Richtung Meer. Es sind die langsamsten, die schwächsten. Eine Langschnabeltaube kreist über ihnen. Die Vögel halten sich gern am Strand auf und jagen im flachen Wasser nach Fischen. Mit einem Mal stellt das Tier die Flügel an und stürzt sich auf einen Schlüpfling. Doch kurz bevor es ihn erreicht, wird es zur Seite geschleudert, und der Schlüpfling rettet sich ins Meer.

»Jemand hat einen Stein auf die Taube geschleudert«, sagt Gronar. »Das habe ich noch nie erlebt.«

»Lass uns warten, bis alle weg sind«, sagt Eva.

»Wie ihr wollt«, sagt Gronar.

Die Muttersonne ist längst hinter dem Horizont verschwunden. Der Himmel trägt nun ein tiefes Blau. Die Vatersonne, ein hellgelber Fleck, scheint sich nicht vom Fleck zu rühren. Sie wird erst zum Ende dieser Saison untergehen, wenn die Hellnacht in die Dunkelnacht übergeht. Der Wind frischt auf. Adam fröstelt. Hier, in Äquatornähe, ist das Klima das ganze Jahr über angenehm, aber abends kann die Temperatur schon mal unter 20 Grad sinken.

Eva steht auf und läuft den Hang hinunter. Er folgt ihr. Gronar nimmt die Decke auf. Am Fuß des Hanges geht die Wiese in Sand über. Eva zieht ihre Schuhe aus, Adam nicht. Er mag keine Sandkörner zwischen den Zehen.

»Komm, wir gehen ein bisschen näher ans Wasser«, sagt Eva.

Sie bückt sich und krempelt die Hosenbeine hoch. Dann geht sie voraus.

»Pass auf, wohin du trittst«, warnt Gronar von hinten.

Er hat recht. Der Strand ist voller Eier. Adam untersucht eines. Er bückt sich und berührt die Schale. Sie ist gummiartig weich. Das leere Innere riecht bitter. Er richtet sich wieder auf, sonst wird ihm noch übel. Eva hat schon fast das Meer erreicht, doch dann bleibt sie stehen und hockt sich hin.

»Seht mal«, ruft sie.

»Eva, nicht, lass das«, ruft Gronar.

Mit zwei großen Sprüngen ist der Grosnopf bei ihr. Er greift nach ihr, doch dann erstarrt er. Eva hat in das Ei gegriffen. Jetzt zieht sie ihren Arm wieder heraus. Sieben winzige Finger schlingen sich um ihren Daumen. Es ist der Tastarm eines Schlüpflings. Das Tier lebt, denkt Adam, merkt aber sofort, wie sehr er sich irrt. Es ist kein Tier, auch wenn es ihn an einen Riesenfrosch erinnert. Es ist ein Grosnopf, ein denkendes Wesen.

»Er lebt!«, ruft Eva.

»Nein«, widerspricht Gronar. »Er ist schon tot.«

»Aber sieh doch, er bewegt sich. Er hält meine Hand fest. Wir müssen ihm helfen!«

»Er ist faktisch tot. Wir können ihm nicht helfen. Hast

du schon vergessen, was ich euch erklärt habe? Er hat keine Chance.«

»Aber das ist doch Unsinn. Wir müssen ihn durch das erste Jahr bringen, mehr nicht.«

»Das hilft ihm nicht«, sagt Gronar. »Er wird nie anerkannt werden. Es ist zu spät. Wir müssen ihn einen ehrenvollen Tod sterben lassen.«

»Bitte, Gronar, ich kann mich um den Schlüpfling kümmern. Ich kann rund um die Uhr für ihn da sein.«

Eva kämpft einen aussichtslosen Kampf, warum versteht sie das denn nicht?

»Eva, lass es«, sagt Adam. »Sie sind anders als wir. Ihr Planet, ihre Regeln.«

»Adam hat recht. Das verstehst du nicht«, sagt Gronar.

»Ich kann ihn retten, ich bin ganz sicher«, beharrt Eva.

»Das ist unmöglich.«

Blitzschnell greift Gronar nach dem Ei. Seine langen Tastarme bewegen sich um Evas Rücken herum. Sie sieht es nicht kommen. Seine feinen, aber kräftigen Finger lösen den Griff des Schlüpflings von Evas Hand. Dann packen seine Tasthände das Ei und heben es hoch, wobei ein schmatzendes Geräusch entsteht. Gronar nimmt das Ei in den rechten Tastarm, schleudert es ein paarmal über seinem Kopf und lässt es dann in hohem Bogen in Richtung Meer fliegen.

»Nein!«, ruft Eva, aber es ist zu spät.

Das Ei fliegt durch die laue Luft. Es klatscht ins Meer, Wasser spritzt auf, und schon ist es versunken. Eva will losrennen, doch Gronar hält sie fest.

»Nun sei doch vernünftig!«, sagt er.

»Du bist ein Mörder«, antwortet Eva.

»Ich habe ihm die Chance gegeben«, sagt Gronar, »sich selbst zu retten. Das ist das Beste, das ihm passieren konnte.«

Wahrscheinlich stimmt das. Auf dem Wasser ist kein Zackenkamm mehr zu sehen, die Aaszähne sind vermutlich wieder in die Tiefe abgetaucht. Und auch seine Geschwister sind längst weitergezogen.

»Aber woher willst du das wissen?«, fragt Eva.

»Ich habe mit ihm gesprochen. Du konntest es nicht hören. Der Schlüpfling hat den Start verpasst, weil sich das Ei nicht geöffnet hat. Er wollte unbedingt ins Meer.«

»Trotzdem ...«

»Nein, Eva. Hättest du ihn mitgenommen, hätte er nie ein Grosnopf werden können. Und sag es mir ehrlich, hätte er die Chance gehabt, ein Mensch zu werden?«

Auf der Heimfahrt schweigen alle. Adam sitzt diesmal hinter Gronar auf dem Balken. Eva lehnt sich von hinten an ihn und scheint zu schlafen. Da fallen ihm die Andeutungen wieder ein, die Gronar am Morgen gemacht hat.

»Gronar«, sagt er, »was hatte die Einladung denn nun zu bedeuten?«

»Das war mein Anteil an unserem Vorhaben. Ich wollte euch ermöglichen, mein Volk besser zu verstehen. Aber das scheint mir wohl nicht gelungen zu sein.«

»Du darfst es Eva nicht übelnehmen.«

»Ich nehme euch nichts übel. Ich finde es nur schade, dass wir in diesem Aspekt so fundamental anders denken. Hoffentlich schafft das keine dauerhaften Konflikte. Denn an dieser Tradition wird sich ganz sicher nichts ändern.«

Auch Eva wird ihre Haltung dazu nicht ändern. Aber das muss er Gronar ja nicht sagen. Der Außerirdische, so weit sie auch in manchem voneinander entfernt sind, hat das schon bemerkt.

»Was meinst du denn mit ›unserem Vorhaben‹, Gronar?«

»Das wird euch Marchenko morgen erklären.«

Gut, dass Eva schläft. Sie hätte bestimmt die ganze restliche Fahrt lang versucht, weitere Details aus Gronar herauszuquetschen.

Hellnacht 4, 3882

Es klopft an der Tür ihres Bungalows. Eva sitzt auf dem Sofa und verschränkt demonstrativ die Arme.

»Wenn es Gronar ist, bin ich nicht zu sprechen«, sagt sie.

»Meinst du, er möchte eine Audienz?«

»Ach, was weiß ich. Sag ihm, er ist für mich gestorben.«

»Eva, du weißt, dass er richtig gehandelt hat. Benimm dich nicht wie ein Kleinkind.«

»Nein, das weiß ich nicht. Er hat einem empfindsamen Wesen jede Hilfe versagt.«

»Gronar hat ihm geholfen, so gut er konnte.«

»Wie kannst du nur so herzlos sein, Adam?«

Es klopft noch einmal.

»Ich weiß, dass ihr da seid«, sagt jemand.

Die gut isolierte Tür dämpft die Stimme, sodass Adam sie nicht erkennt.

»Nun mach schon auf«, sagt Eva.

»Mach doch selber.«

Es klopft lauter. »Wenn ihr nicht bald aufmacht, komme ich durch die verschlossene Tür!«

Adam springt auf. Ihre Gastgeber behandeln sie viel zuvorkommender. Kein Grosnopf würde so drohen. Also kommt nur einer in Frage. Adam reißt die Tür auf.

»Marchenko!«, ruft er.

Er will dem Besucher schon um den Hals fallen, doch als er ihn sieht, bleibt er lieber stehen. Das kann nicht der Marchenko sein, der sie bis Proxima b und von dort bis auf diesen Planeten gebracht hat. Aber wer ist es dann? Ihr Gast ist ein Roboter, der wie die Karikatur eines Grosnopfes aussieht. Er besitzt einen gedrungenen Körper mit konusförmigem, halslosem Kopf, vier Arme und ein Vierfach-Fahrwerk.

»Nun schau mich nicht so an«, sagt der Besucher, »die Grosnopf-Ingenieure haben mich nach ihrem eigenen Vorbild konstruiert.«

Adam lacht. Schön, dass er wieder da ist, selbst in diesem plump wirkenden Körper. Wer weiß, welche technischen Leckerbissen darin stecken.

»Du bist es also doch, Marchenko«, sagt Adam. »Marchenko ist es!«, ruft er nach drinnen.

»Das habe ich doch schon mitbekommen«, antwortet Eva, die plötzlich neben ihm steht.

»Komm rein«, sagt Adam. »Schön ist dein neuer Körper ja nun wirklich nicht. Was ist denn mit dem alten passiert?«

»Oh, die Damenwelt hier ist von meinen stählernen Muskeln absolut entzückt«, sagt Marchenko. »Die Tragkraft meiner Lastarme ist doppelt so groß die eines Grosnopfes.«

»Dann viel Erfolg bei der Partnersuche«, sagt Adam. »Aber verschone uns bitte mit den Einzelheiten.«

»Soll ich lieber wieder gehen?«

»Nein, wir sind froh, dass du endlich wieder da bist«, sagt Eva. »Du warst viel zu lange weg.«

MARCHENKO BERICHTET IHNEN VON DER LETZTEN REISE der Majestätischen Dracht, einer Rettungsmission für die auf Proxima b verbliebenen Grosnopfe. Tatsächlich war es gelungen, zwei Drittel der im Eis eingefrorenen Schiffbrüchigen zu retten. Das Schiff der Außerirdischen, das sie von Proxima Centauri b bis hierher transportiert hat, steht seitdem unter seinem Kommando. Denn der Roboter ist bloß Marchenkos äußere Hülle, der Behälter für die semikünstliche Intelligenz, die der Schöpfer auf der Erde irgendwann aus einem echten Menschen extrahiert hat. Die genauen Zusammenhänge liegen im Dunklen. Selbst Marchenko kann sich erst daran erinnern, wie er an Bord der Messenger aufwachte, des ersten interstellaren Raumschiffs der Menschheit.

»Das waren wichtige Erfahrungen. Ich weiß jetzt, was ich dem Dunkle-Materie-Antrieb der Majestätischen Dracht zumuten kann und wie die Zusammenarbeit mit der Mannschaft funktioniert. Außerdem habe ich etwas Wichtiges herausgefunden.«

Marchenko macht eine Pause. Das ist typisch. Er will, dass seine Zuhörer nachfragen.

Adam tut ihm den Gefallen: »Was?«

»Ich habe die Messenger im Orbit von Proxima b entdeckt, also das, was von ihr übrig ist.«

Das ist eine nette Überraschung, aber mehr auch nicht.

»Du hast meinen Plüsch-Teddy gefunden«, sagt Adam.

»Nein.«

»Du hast ihn gefunden und mitgebracht.«

»Auch das nicht. Ich habe das Gefühl, du nimmst mich nicht ganz ernst, Adam.«

»Mensch, Marchenko, nun sag es schon«, bittet Eva.

»Mensch? Der war gut«, sagt Marchenko. »Ich bin im Moment vermutlich so weit vom Mensch-Sein entfernt wie noch nie. Aber da du es gut gemeint hast, will ich mal nicht so sein.«

Der Roboter erhebt sich. Das Sofa knarrt, als wäre es froh, sein Gewicht loszuwerden. An Marchenkos Bauch, dort, wo sich bei den Grosnopfen die Magenfalte befindet, öffnet sich eine Klappe. Er greift hinein und holt einen schwarzen Würfel mit etwa 30 Zentimetern Seitenlänge heraus, der an vier Seiten eine runde, gläserne Optik besitzt.

»Wie die vier Augen eines Grosnopfes«, sagt Adam.

Marchenko stellt den Würfel auf den Tisch vor dem Sofa und tippt auf die Oberseite. Plötzlich steht er mitten in einem von bläulichen Lichtstrahlen gezeichneten Wald. Ein Holo-Projektor! Niedrige Nadelbäume umgeben ihn. Über dem Sofa schwebt ein kräftiger Mann, über dem Tisch hingegen ein Bär, der sich auf die Hinterbeine erhoben hat.

»Entschuldigung«, sagt Marchenko und wischt über eine der Kanten des Würfels.

Der Wald verändert sich nicht. Der Bär reißt das Maul auf. Soll das eine Kampfszene sein?

»Gowno, Scheiße«, flucht Marchenko. »Der Holo-Würfel ist kaputt. Und ich habe Signar extra noch gesagt, er soll ihn überprüfen!«

»Was sehen wir da?«, fragt Eva.

»Erinnerungen. Die waren eigentlich nicht für euch bestimmt.«

Adam tritt in den Wald. Die Zweige des ihm am nächsten stehenden Baums biegen sich von selbst zur Seite.

Eine clevere Konstruktion, dieser Würfel. Anscheinend besitzt er Sensoren, mit denen er die reale Außenwelt in das Bild einbauen kann. Er fährt mit dem Finger über dieselbe Kante, die Marchenko berührt hat, und das 3D-Bild bricht flackernd zusammen.

»So geht das«, sagt er.

Marchenko hebt die Tasthand vor sein Vorderauge und bewegt die Finger.

»Die berührungsempfindliche Steuerung kommt wohl mit der Leitfähigkeit deiner Metallfinger nicht zurecht«, sagt Adam.

»Das muss es sein«, sagt Marchenko. »Bitte streich mal über die gegenüberliegende Kante.«

Adam führt die Geste aus, und mit einem Mal befinden sie sich im All. Ein Feuerball hüllt den Würfel ein. Alles leuchtet in hellem Blau.

»Der Projektor kann leider keine Farben zeigen«, sagt Marchenko. »Der Stern da in der Mitte ist die Muttersonne, Alpha Centauri B, ein Gelber Zwerg wie die Sonne des Erd-Systems.«

»Dann ist der kleinere Stern dort die Vatersonne?«, fragt Eva.

»Ja, wobei die Vatersonne nur wegen ihrer Entfernung kleiner wirkt. Tatsächlich ist Alpha Centauri A deutlich heller und schwerer als B. Sie kommt dem Planeten der Grosnopfe aber nie näher als knapp elf Astronomische Einheiten. Das entspricht im Sonnen-System ungefähr der Entfernung zwischen Erde und Saturn.«

»Und wo ist Proxima?«, fragt Adam.

Marchenko zeigt zum Fenster hinaus. »Proxima Centauri liegt etwa 12.900 Astronomische Einheiten entfernt. Bei diesem Maßstab ist der Rote Zwerg nicht erkennbar.«

»Warum zeigst du uns das alles?«, fragt Eva.

»Eine gute Frage. Wartet mal.«

Marchenko hält seine zwei Tasthände vor eine der Optiken des Würfels. Dann entfernt er sie langsam voneinander. Gleichzeitig schrumpft die Sonne im Zentrum und Alpha Centauri A kommt immer näher, um dann ebenfalls auf die Größe eines Lichtpunkts abzuschmelzen. Adam sieht sich um. Vielleicht 50, höchstens 100 Lichtpunkte schweben frei im Raum. Das sind vermutlich andere Sterne. Marchenko schnippt mit den Fingern, und um einige der Punkte entstehen bunte Sphären.

»Das ist hübsch«, sagt Adam. »Wie ein geschmückter Weihnachtsbaum, nur ohne Baum.«

»Die Farben der Kugeln haben sicher etwas zu bedeuten«, sagt Eva.

»Allerdings.«

Marchenko tritt in die 3D-Darstellung. Doch dadurch erlöschen einige der Kugeln. Er geht zur Seite und benutzt seinen linken Tastarm als Zeiger.

»Die Farben stehen für Wahrscheinlichkeiten. Ein sattes Grün zeigt Sternsysteme, in denen sehr wahrscheinlich erdähnliche, bewohnbare Welten in der habitablen Zone ihres Sterns existieren. Je gelblicher die Farbe wird, desto geringer sind die Chancen. Dafür kann es verschiedene Ursachen geben: ein sehr aktives Zentralgestirn etwa oder ein Binärsystem, das stabile Planetenbahnen unmöglich macht.«

»Wie groß ist der Maßstab?«, fragt Adam.

»Die ganze Darstellung umfasst 50 Lichtjahre.«

»Das ist ja sehr spannend. Ich hätte nicht gedacht, dass es in unmittelbarer Nähe so viele bewohnbare Welten gibt. Aber was hat das mit uns zu tun?«

»Ich habe euch ja schon erzählt, dass ich das Orbitalmodul der Messenger gefunden habe. Dort konnte ich einige Speicher auslesen. Demnach hatte unser Schiff die Registriernummer 27.«

»Das könnte natürlich ein Zufall sein«, sagt Adam, »oder eine willkürliche Zahl. Oder eine Versionsbezeichnung. Wir wissen es nicht.«

»Unser Schiff war winzig, als es von riesigen Lasern, die auf allen Planeten des Sonnensystems aufgebaut sind, auf ein Fünftel der Lichtgeschwindigkeit beschleunigt wurde. Warum sollte jemand so ein System konstruieren, um es dann nur einmal zu nutzen?«

»Du hast uns immer gesagt, wir würden einem Hilferuf von Proxima Centauri folgen.«

»Ich habe euch gesagt, was ich zu wissen glaubte, Adam. Aber heute denke ich, dass mein Wissen nicht vollständig war. Denkt an den anderen Marchenko auf Proxima Centauri, und an Adam und Eva, auf die wir hier getroffen sind.«

»Sie heißen jetzt Marcus und Kirsten«, sagt Eva.

»Oh. Wir waren jedenfalls nicht die einzigen«, sagt Marchenko, »die der Schöpfer auf diesen langen Weg geschickt hat. Ganz und gar nicht. Jetzt glaube ich, dass zu jedem auch nur theoretisch bewohnbaren Sternsystem eigene Schiffe unterwegs waren. Oder sie sind es noch.«

»Sie sind es noch? Wie meinst du das?«, fragt Eva.

»Sieh dir die Abstände an. Ross 154, ein Planet, 8,1 Lichtjahre entfernt, Epsilon Eridani, zwei Planeten, 12,6 Lichtjahre. Lacaille 9352, drei Planeten, 10,4 Lichtjahre Entfernung. Wir haben hierher etwa 25 Jahre gebraucht. Seitdem ist ein Jahr vergangen. Die anderen Schiffe werden ihre Ziele erst in einem Vierteljahrhundert erreichen.«

»Und was willst du damit sagen, Marchenko?«, fragt Adam.

»Wir müssen sie retten. Es ist unwahrscheinlich, dass die anderen ebensoviel Glück haben wie wir.«

»Aber was kümmern uns die anderen?«, fragt Adam.

Marchenko sieht ihn an und stemmt die Arme in die Seiten. Ja, okay, man könnte seinen Einwurf als herzlos deuten. Aber haben sie nicht schon genügend Gefahren hinter sich? Niemand hat ihn gefragt, ob er auf diese Reise gehen will. Der Mensch, der sich großspurig Schöpfer nennt, hat seine Erbinformationen zum Schutz in vielen winzigen Bärtierchen versteckt, und später hat eine Maschine daraus eine Keimzelle erzeugt, aus der der Mensch Adam gewachsen ist. Eine Chance, in seine Heimat zurückzukehren, war nie vorgesehen. Was verbindet ihn da mit anderen Menschen?

»Ich verstehe, dass du wütend auf den Schöpfer bist, Adam. Mir geht es genauso. Aber es geht nicht darum, etwas für die Menschen auf der Erde zu tun, oder gar für den Schöpfer, der uns ungefragt auf diese Reise geschickt hat. Wir könnten denen helfen, die wie wir unschuldig zu einem unbekannten und vielleicht sogar lebensgefährlichen Ziel unterwegs sind. Wir haben unsere Reise selbst nur knapp überlebt, und das, obwohl Proxima Centauri b gar keine so üblen Bedingungen geboten hat. Aber was, wenn ein Schiff in einem System ankommt, und dort gar keinen bewohnbaren Planeten vorfindet? Die exakten Eigenschaften der fremden Sternsysteme sind so lange unbekannt, bis man sie erreicht hat. Ich schätze, dass mindestens 100 weitere Schiffe unterwegs sind. Haben wir nicht geradezu die Verpflichtung, wenigstens einige von ihnen zu retten? Wenn du siehst, wie ein Kind in einen Fluss fällt, springst du da nicht hinterher? Die Majestätische Dracht bietet uns die einmalige Chance, zumindest einige eurer Geschwister aufzunehmen.«

Marchenko, du bist selbst im Körper eines Roboter-

Grosnopfes noch ein guter Mensch. Hätte er ihn doch auf der Erde kennengelernt. Er soll ja Arzt gewesen sein. Sie wären bestimmt Freunde geworden. Marchenko hat sich immer für sie eingesetzt. Er hätte sein Leben für sie gegeben. Kann er ihm dann abschlagen, worum er ihn bittet, selbst wenn es bedeutet, sich erneut in Gefahr zu bringen, statt es sich hier auf Alpha Centauri Bb gutgehen zu lassen?

»Wir kommen mit«, sagt Eva.

»Warte doch mal, sollten wir nicht zumindest darüber schlafen?«, wehrt sich Adam.

»Nein, Adam, wir fliegen mit. Das ist das Beste für uns alle. Und Marchenko braucht unsere Hilfe. Aber ich stelle eine Bedingung.«

»Welche Bedingung?«, fragen Marchenko und Adam gleichzeitig.

»Ich will ein Seewasser-Aquarium, zwei mal drei mal ein Meter, in meiner Kabine.«

»Du willst was?«

Schon wieder haben Adam und Marchenko synchron gesprochen.

»Ein Aquarium, ihr habt richtig gehört. Es braucht eine für Meerwasser geeignete Recycling-Anlage.«

Adam schwitzt. Der Ausflug gestern, die Schlüpf-Zeremonie, Evas Forderung muss etwas damit zu tun haben. Was hat sie getan? Und warum hat er es nicht bemerkt?

»Das kannst du nicht … das ist unmöglich«, sagt er.

»Was kann sie nicht?«, fragt Marchenko.

»Du hast recht, Adam, ich kann es nicht. Ich kann nicht zusehen, wie jemand ein denkendes Wesen wissentlich dem Tod überlässt. Auch, wenn es ein Jungtier gewesen wäre, hätte ich es retten müssen. Aber es ist intelligent!«

»Du hast den Schlüpfling aus dem Meer geholt? Aber wie …?«

»Was hat sie?«, fragt Marchenko.

»Gronar hat uns gestern zur Schlüpf-Zeremonie eingeladen«, sagt Adam.

»Eine Ehre, heißt es«, sagt Marchenko.

»Dabei geht es … rabiat zu.«

»Rabiat? Adam, sie sehen zu, wie sich ihr Nachwuchs gegenseitig umbringt!«

»Sie vermehren sich durch Eiablage. Würden alle durchkommen, wäre der Planet längst überbevölkert«, sagt Adam.

»Es ist eine Spezies, die Raumschiffe mit Dunkle-Materie-Antrieb baut!« Eva steht auf und gestikuliert wild. »Sie müssten doch erkannt haben, dass ihr Vorgehen unmenschlich ist.«

»Es sind keine Menschen«, sagt Adam, »falls du das noch nicht bemerkt hast. Übrigens sterben bei den Menschen auch Millionen Spermien, und nur eines schafft es, die Eizelle zu befruchten.«

»Aber das kannst du doch nicht vergleichen. Du hast sie gesehen! Das sind keine dummen Samenzellen. Oder kannst du mit deinen Spermien reden, wie es ihre Mütter vor der Zeremonie getan haben? Ich kann gar nicht fassen, wie dich das so kalt lassen kann.«

»Nun mal langsam«, sagt Marchenko. »Du hast in die überaus bedeutsame Zeremonie unserer Gastgeber eingegriffen und einem dieser Schlüpflinge geholfen. Richtig? Du hast ihm Futter zugesteckt, einen Fressfeind getötet, etwas in der Art, aber da du hier vor mir stehst, hat niemand es bemerkt. Also ist alles gut.«

»Sie will ein Aquarium in ihrer Kabine«, sagt Adam.

»Mit Fischen. Sag mir, dass du es wegen der Fische willst. Hast du nicht schon immer Fische geliebt? Damals, in der Unterwasser-Station auf Proxima, da hast du doch …«

»Ja, Fische brauche ich auch, Marchenko, kleine Fische, als Futter. Oder was ein junger Grosnopf eben sonst so braucht. Und das Wasser muss dieselbe Zusammensetzung haben wie das in den Ozeanen hier.«

»Du bist verrückt«, sagt Marchenko. »Sie haben uns geholfen, uns aufgenommen, betreiben jeden nötigen Aufwand, damit wir uns hier wie zu Hause fühlen, und du mischst dich in ihre heiligste Zeremonie ein?«

»Es ist ein grausames Ritual, das sie schon längst hätten abschaffen sollen.«

»Aber so funktioniert nun einmal ihre Biologie«, sagt Adam.

»Es bringt nichts, Eva versteht es nicht«, sagt Marchenko.

»Was verstehe ich nicht? Ich verstehe es sehr wohl!«

»Ich hatte jetzt fast ein Jahr Zeit. Dabei habe ich mich auch mit der Geschichte der Grosnopfe befasst und ihre Archive studiert. Vor zweihundert Jahren kam jemand auf die gleiche Idee wie du.«

»Er war offenbar nicht erfolgreich«, sagt Eva.

»Man hat ihm alle Mägen mit Steinen gefüllt, seine Magenfalte zugenäht und ihn als Aaszahn-Futter im Meer versenkt. Und das ist noch die für Kinder geeignete Kurzversion. Bei diesem Ritual verstehen sie keinen Spaß.«

Eva setzt sich wieder. Bei Marchenkos letzten Worten ist sie blass geworden.

»Aber wie können sie denn so grausam sein? Gronar ist so nett und hilfsbereit. Ohne seine Hilfe wären wir alle auf Proxima b gestorben. Hätte er nicht den falschen Marchenko erledigt …«

»Sie sehen es nicht als Grausamkeit«, erklärt Marchenko. »Bis vor etwa 1200 Jahren gab es regelmäßig

Hungersnöte, weil die Bevölkerungszahl zu stark gestiegen war. Das hat zu Krieg und Gewalt geführt, bis alle wieder genug zu essen hatten. Aber die Gesellschaft hat sich weiterentwickelt. Mord und Totschlag sind heute geächtet. Der Preis dafür ist, dass man die Jungen sich selbst überlässt, wie es in der Frühzeit der Fall war.«

»Das kommt mir trotzdem falsch vor«, sagt Eva. »Sie bauen Raumschiffe, aber sie können nicht genug Nahrung für alle anbauen?«

»Das ist Mathematik«, sagt Adam. »Jede Frau legt jedes Jahr fast fünfzig Eier. Wenn alle Schlüpflinge überleben würden … kein Planet kann so viele Grosnopfe beherbergen.«

Eva seufzt. »Vielleicht habe ich einen Fehler gemacht.«

»Wie meinst du das?«, fragt Marchenko.

Das Aquarium. Adam hat eine Vorahnung. Eva steht auf und geht um das Sofa herum zum Badezimmer. Sie haben getrennte Bäder, Eva hat auf einer großen Wanne bestanden, während Adam lieber duscht. Sie öffnet die Tür und zeigt auf das Becken, das etwa einen Meter tief mit Wasser gefüllt ist. Auf dem Boden sitzt ein etwa dreißig Zentimeter großer Frosch mit zwei Armpaaren, zwei kräftigen Beinen und einem konusförmigen Kopf.

»Ich habe ihn Groni getauft«, sagt Eva, »Klein-Gronar also.«

»Und was machen wir nun?«, fragt Marchenko.

Sie sitzen wieder um den Tisch.

»Wir müssen es Gronar melden«, sagt Adam.

»Auf gar keinen Fall, er bringt den Kleinen um«, sagt Eva.

Sie könnte recht haben. Wie er das Ei mit dem

Schlüpfling ins Wasser geschleudert hat … Gronar ist sicher nicht der Revolutionär, der das Schlüpf-Ritual in Frage stellt, und Eva könnte nun in großer Gefahr sein.

»Wie hast du das überhaupt gemacht?«, fragt er.

»Ich bin in der Nacht noch einmal zum Strand gefahren. Ich wollte nur nachsehen, ob er sich in Sicherheit gebracht hat.«

»Und wie hast du ihn gefunden?«, fragt Adam.

»Er war etwas wärmer als die Umgebung. Vermutlich, weil er so gestrampelt hat. Einer seiner Tastarme hatte sich in dem Riss des Eis verklemmt. Ich kann doch im Infrarot sehen. Groni konnte sich also nicht in Sicherheit bringen. Er hatte Glück, dass er nicht erstickt ist. Dann hat er sich an meinen Finger geklammert. Da musste ich ihn einfach mitnehmen.«

»Ich gehe davon aus, dass du deinen Schützling auf keinen Fall wieder abgeben willst«, sagt Marchenko.

»Nur über meine Leiche.«

»Nun, wenn irgendein Grosnopf das herausfindet, wirst du diese Drohung vielleicht wahrmachen müssen. Aber ich glaube, wir können verhindern, dass es so weit kommt. Du bekommst tatsächlich dein Aquarium, an Bord der Majestätischen Dracht. Dort hat Gronar das Oberkommando. Falls es sich nicht mehr verbergen lässt, hast du von ihm die geringste Strafe zu erwarten. Zumindest hoffe ich das. Ansonsten müssen wir es eben geheimhalten. Die Mannschaft ist während des Fluges sowieso eingefroren. Auf dem Schiff gibt es auch jede Menge Nahrung für Grosnopfe. Hier in eurem Bungalow dürfte es schwerer sein, da heranzukommen. Und du kannst ihn ja nicht immer in der Badewanne lassen. Die Schlüpflinge wachsen ziemlich schnell. Wir müssen also möglichst schnell starten.«

»Das klingt wie ein guter Plan«, sagt Eva.

Für sie und ihren Groni ist es ein fast perfekter Plan. Aber für ihn, Adam? Will er wirklich an Bord eines Schiffes gehen, um jahrelang durch den leeren Raum zu fliegen? Er könnte auch allein hierbleiben, mit Marcus und Kirsten und all den Grosnopfen, die er nicht kennt. Nein, das will er auch nicht, auf keinen Fall. Das zweite Menschenpaar, das ihnen so ähnlich sieht, kommt ihm zutiefst langweilig vor. Sie leben in einer Art Ehe. Er hat sich zwar auch ab und an zu Eva hingezogen gefühlt, vor allem, nachdem er erfahren hatte, dass sie genetisch gar keine leiblichen Geschwister sind. Aber er kennt sie schon so lange, dass ihm das jedes Mal dann doch wie Inzest vorgekommen war. Kann man sich noch verlieben, wenn man sich schon seit zwanzig Jahren kennt und zusammen in die Windeln gemacht hat?

Aber wer weiß: Vielleicht gibt es auf den Planeten, die sie besuchen werden, ja eine Eva für ihn, eine Frau, mit der das Leben wieder spannend wird. Dafür würde es sich lohnen.

»Ja, okay, ich bin auch dabei«, sagt Adam.

Eva schenkt ihm einen dankbaren Blick.

»Aber wie bekommen wir Groni ins Schiff?«, fragt sie.

»Kein Problem«, sagt Marchenko. Der riesige Roboter erhebt sich auf sein Fahrwerk und öffnet die Bauchklappe. »Ich habe fast einen Kubikmeter Stauraum hier drin, den ich auch abdichten kann. Da hält es der Schlüpfling eine Weile aus.«

»Wann soll es losgehen?«, fragt Adam.

»Möglichst bald. Aber ich muss erst einmal das Aquarium besorgen. Ich werde in all unsere Kabinen eines einbauen lassen. Ich behaupte dann einfach, dass Menschen gern in solchen Becken schwimmen. Wer könnte schon das Gegenteil beweisen?«

Hellnacht 5, 3882

»Ihr wollt ein Aquarium in euren Kabinen? Was soll denn das?«

Gronar steht in der Eingangstür und kratzt sich mit den Tastarmen am Rücken. So sieht er aus wie ein riesiger Schmetterling ohne Flügel. Ahnt er etwas?

»Komm doch erst einmal rein«, sagt Adam.

Er stellt die Reisetasche an die Wand, die er gerade gepackt hat. Es fällt ihm überraschend leicht, sich von diesem Planeten zu verabschieden. Die selbst gebauten Möbel vermisst er jetzt schon am meisten. Die Kleidung kommt aus dem Fabrikator. Er besitzt vor allem T-Shirts und blaue Hosen, alle nach demselben Schnitt.

Gronar folgt der Einladung. Er bemerkt das zerstörte Sofa und zeigt darauf.

»Ha ha, Marchenko war gestern hier, stimmt's?«

»Klug geschlussfolgert«, sagt Adam.

Plötzlich fliegt die Tür zu Evas Zimmer auf. Eva kommt herausgeschossen, winkt Gronar kurz zu, reißt die Tür ihres Badezimmers auf und rennt hinein. Mit einem Knacken dreht sich der Schlüssel im Schloss. Gut, so kommt Gronar auf keinen Fall auf die Idee, im Bad nachzusehen.

»Hast du etwas gesagt, Adam?«, fragt Gronar.

»Klug geschlussfolgert, habe ich gesagt.«

»Danach.«

»Nein.« Adam schüttelt den Kopf.

»Ich dachte, ich hätte jemanden flüstern hören, als Eva ins Bad gerannt ist. Was ist denn mit ihr los?«

»Vielleicht war es ihr Magen, der gegrummelt hat. Sie hat gestern anscheinend etwas Falsches gegessen, deshalb ist sie heute dauernd auf der Toilette.«

»Da habe ich es besser. Wenn in einen meiner Mägen etwas Schlechtes hineingekommen ist, öffne ich einfach die Magenfalte, und kann es herausholen.«

Gronar zieht seine Magenfalte auf. Adam sieht rechtzeitig zur Seite, kann aber nicht verhindern, den sauren Duft zu riechen.

»Danke, Gronar, das genügt.«

»Ich wollte euch nur sagen, dass ich mich über eure Entscheidung sehr freue. Ihr seid meine Lieblingsmenschen. Diese Reise ist auch für mein Volk sehr wichtig. Wir kennen unsere Nachbarschaft im Universum noch viel zu wenig. Und vielleicht finden wir ja eine Welt, die besser für Leben geeignet ist als Einsonne.«

»Das ist sehr nett von dir. Wir mögen dich auch und sind dir sehr dankbar für alles, was du für uns getan hast.«

Das wäre der perfekte Moment, Evas Sünde zu beichten. Gronar scheint gerade allerbester Laune. Wenn sie ihn einweihen, wird alles viel einfacher.

»Gronar?«

»Ja, Adam? Bevor du etwas sagst, muss ich mich noch für vorgestern entschuldigen. Die Zeremonie muss euch zutiefst schockiert haben. Ich hätte euch das nicht zumuten dürfen. Aber ich dachte, ihr könnt uns besser verstehen, wenn ihr auch das Schlüpf-Ritual kennt. Mir ist viel daran gelegen, dass wir uns gut verstehen, Menschen und Grosnopfe. Und dass die Schlüpflinge diesen einen Schritt ganz allein gehen, dass wir ihnen so weit vertrauen, das war die entscheidende Revolution in unserer Gesellschaft. Erst danach war Schluss mit Gewalt und Krieg. Hättet ihr mich damals getroffen, hätte ich euch aus Konkurrenzangst heraus getötet, töten müssen. Ich hätte gar nicht gewusst, dass ihr euch nicht durch Eiablage fortpflanzt. Ich hätte es auch nie erfahren.«

»Ich verstehe das, Gronar.«

Es ist doch kein guter Zeitpunkt, Gronar Evas Geheimnis zu verraten. Und es ist zweifelhaft, ob dieser Zeitpunkt je kommen wird.

»Das freut mich. Wie geht es Eva?«

»Bis auf ihren Magen geht es ihr gut.«

»Ich wollte euch eigentlich zu einem kleinen Ausflug einladen. Wer weiß, wann wir dazu wieder Gelegenheit haben.«

»Das ist eine hervorragende Idee«, sagt Adam. »Wo soll es hingehen?«

»In die Berge der Legenden.«

»Noch nie davon gehört, aber das klingt spannend.«

»Seid ihr denn mit dem Packen schon fertig?«

»Fast. Was hältst du davon, wenn du uns in einer Stunde abholst? Ich hoffe, Eva ist bis dahin wieder fit.«

»So machen wir es, Adam.«

»Absteigen!«, befiehlt Gronar.

Adam sieht auf den Boden. Er ist überhaupt nicht feucht. Dass es auf diesem Planeten überhaupt eine trockene Stelle gibt? Fast jeden Tag regnet es, und auf der zweistündigen Fahrt haben Sümpfe die Landschaft dominiert.

»Nun komm schon!«, sagt Eva.

»Den Rest des Weges müssen wir zu Fuß bewältigen«, erklärt Gronar.

»Ist es weit?«, fragt er und springt auf den Boden, der leicht nachgibt.

»Nur eine Stunde, aber es geht bergauf«, sagt Gronar.

Natürlich, ihr Ziel sind ja auch die Berge der Legenden.

Gronar bückt sich und hantiert am Flugbalken. Dann zieht er eine etwa zwei Meter lange Planke hervor, die er sich über den Rücken wirft.

»Was ist denn das? Eine Waffe gegen wilde Tiere?«, fragt Eva.

»Nein, das einzige wirklich gefährliche Tier hier ist der Giftigel«, antwortet Gronar. »Aber seine Stacheln sind so weich, dass sie unsere Haut nicht durchdringen.«

»Eure Haut nicht, aber unsere vielleicht?«, fragt Adam.

Gronar beugt sich zu ihm herunter, betastet seine Haut und zwickt ihn mit zwei Fingern.

»Aua«, sagt Adam.

»Ja, eure Haut vielleicht«, sagt Gronar.

»Danke für die Warnung«, sagt Adam.

»Wenn ihr ein schwarzes oder graues Knäuel seht, das über den Boden rollt, einfach nicht anfassen, dann passiert nichts«, sagt ihr Begleiter. »Sie sind ziemlich niedlich und überhaupt nicht aggressiv, aber sie mögen es nicht, wenn man sie stört.«

Sie wandern auf einem schmalen Pfad bergan. Giftigel sind ihnen bisher noch nicht begegnet. Der Weg wäre überhaupt nicht anstrengend, würden ihn nicht immer wieder Bachläufe unterbrechen. Brücken gibt es nicht. Stattdessen hat man davor und dahinter mit Holzbohlen kleine Plattformen gezimmert, von denen sie das Gewässer bequem überspringen könnten, wenn sie denn die mächtigen Beine eines Grosnopfes hätten. Gronar legt dann einfach das mitgebrachte Brett über die Lücke, und Adam und Eva balancieren hinüber.

Ein sehr angenehmer Ausflug also, zumal auch das Wetter mitspielt. Die Muttersonne steht noch inmitten des grünen Himmels und wärmt seinen Rücken. Ob es wirklich eine gute Idee ist, die nächsten Jahre im schwarzen, luftleeren All zu verbringen statt hier in dieser Idylle?

Der Boden vibriert. Feine Bewegungen steigen sein Rückgrat entlang nach oben. Adam bleibt stehen.

»Was war das?«

»Kein Grund zur Sorge. In den Bergen der Legenden ist die Erde stets in Bewegung«, sagt Gronar.

»Berge, die erzittern – wandern wir etwa gerade auf einen Vulkan?«

»Ja, Adam. Die meisten Berge hier sind vulkanischen Ursprungs.«

»Ich meine, auf einen aktiven Vulkan?«

»Aktiv? Nein, du siehst doch, dass er kein Feuer speit. Aktive Vulkane gelten als heilig, von ihnen halten wir Abstand.«

»Das ist ja auch besser für die Gesundheit.«

»Das sehen wir anders. Vulkane gelten in unserer Kultur als Spender des Lebens. Ein Grosnopf, der im Schlund eines Vulkans versinkt, erreicht das ewige Leben. Wären aktive Vulkane nicht tabu, würden viele gläubige Grosnopfe versuchen, sich in ihre Krater zu stürzen.«

»Dann gebt sie doch frei«, sagt Eva. »Das würde euer

Übervölkerungsproblem lösen, ohne dass ihr weiterhin unschuldige Schlüpflinge opfern müsstet.«

Gronar bleibt stehen. Sein kurzer Kopf bewegt sich mehrmals vor und zurück. Er muss sehr aufgebracht sein.

»Eva, ihr seid unsere Gäste. Ich habe euch gerettet und hergebracht. Glaubst du wirklich, das gibt dir ein Recht, unsere Traditionen zu verurteilen?«

Eva wird rot. Sie öffnet den Mund und schließt ihn wieder.

»Es … es tut mir leid«, sagt sie schließlich. »Ich wollte … ich bekomme die Bilder nicht aus dem Kopf, das viele Blut, das sich im Meer verteilt hat, die in Richtung Strand schwimmenden Aaszähne …«

»Das ist meine Schuld«, sagt Gronar. »Ich hätte es euch nicht zeigen dürfen. Für uns ist es ein sehr, sehr wichtiger Moment. Glaub mir, jede Mutter wünscht sich, dass all ihre Schlüpflinge nach einem Jahr zu ihr zurückkommen. Es ist ein schwerer Abschied.«

Wieder vibriert der Boden – sogar etwas stärker als beim letzten Mal. Will der Berg sie etwa abschütteln?

»Merkt ihr das?«, fragt Adam.

»Ja, das fühlt sich merkwürdig an«, sagt Eva.

»Lasst uns weitergehen«, sagt Gronar. »Noch haben wir genügend Zeit bis zu einem Ausbruch.«

»Wie hast du das vorhin eigentlich gemeint?«, fragt Adam.

»Was?«, fragt Gronar zurück.

»Dass wir noch genügend Zeit bis zum Ausbruch haben.«

»Der Vulkan sammelt immer wieder Kraft. Er schüttelt sich, das sind die Vibrationen. Sie steigern sich allmählich.

Meist baut der Vulkan dabei so viel Druck ab, dass er sich wieder beruhigt.«

»Und wenn nicht?«

»Dann bricht er aus, was sonst? Das passiert aber nur etwa einmal im Jahrhundert.«

»Wann gab es hier denn den letzten Ausbruch?«, fragt Adam.

Gronar bleibt stehen und dreht sich einmal um seine Achse. Dann zeigt er auf ein vielleicht acht oder zehn Meter hohes Gewächs, das an eine Pyramide erinnert.

»Da drüben, die Stachelkirsche, siehst du sie? Der Baum dürfte etwa so groß sein wie drei Grosnopfe. Er wächst im Jahr um eine Ellenlänge, also ist der letzte Ausbruch … um die hundert Jahre her.«

»Danke«, sagt Adam. »Jetzt bin ich beruhigt. Am besten, wir gehen weiter.«

»Warte!«, ruft Gronar und hält ihn von hinten mit dem Tastarm fest.

Adam bleibt so plötzlich stehen, dass Eva auf ihn aufläuft. Er schwankt, doch Gronar hält ihn fest. Er steht auf einer Holz-Plattform. Aber diesmal liegt kein Bach vor ihnen. Zu seinen Füßen geht es steil nach unten. Er sieht in einen dunklen Abgrund, dessen Tiefe er nicht einmal schätzen kann.

»Uh«, sagt er.

»Was heißt das?«, fragt Gronar.

»Es ist ein Ausruf der Überraschung.«

»Verstehe. Warte, Adam, ich lege die Planke über den Abfluss.«

»Abfluss?«

»Hier hat man beim letzten Ausbruch die Lava abgeleitet, um sie sicher ins Tal zu bringen. Die Spalte ist künstlich angelegt. Leider reicht die Planke nicht.«

»Dann müssen wir wohl umkehren«, sagt Adam.

»Nein, wartet hier.«

Gronar geht in die Hocke und springt über den Abgrund. Bei ihm sieht das ganz einfach aus. Dann dreht er sich zu ihnen um und hält ihnen die Planke hin.

»Was soll ich damit?«, fragt Adam.

»Auf dem Boden ablegen. Dann balancierst du hinüber.«

»Aber sie ist zu kurz.«

»Ich halte sie doch, wie du siehst«, sagt Gronar. »Kein Problem, sobald du ihr Ende erreicht hast, habe ich dich.«

»Du willst, dass ich das von dir gehaltene Brett benutze, um darauf über den Abgrund zu spazieren?«

»Ganz genau, Adam. Nun komm.«

Adam tritt einen Schritt zurück und schüttelt den Kopf. »Keine Chance.«

Eva überholt ihn. Sie setzt einen Fuß auf das Brett, das Gronar mit dem rechten Tragarm hält, und prüft es. Es wackelt nur ganz leicht hin und her. Daraufhin überquert sie es mit sieben Schritten. Adam zählt mit. Gronars linker Tastarm schlingt sich um Eva und hebt sie auf die andere Seite.

»Siehst du? Jetzt bist du dran«, sagt er.

»Ich …«

»Wenn du noch lange wartest, erwischt uns der Ausbruch«, sagt Eva.

Adam muss lachen. Eine Angst mit einer anderen zu bekämpfen, das ist typisch für Eva.

»Schließ einfach die Augen«, schlägt Gronar vor, »dann siehst du den Abgrund nicht.«

Adam zeigt ihm einen Vogel. Dann setzt er einen Schritt auf die Planke, danach den nächsten, den dritten, den vierten, er schwankt leicht, den fünften, die Planke erzittert, den sechsten, die Welt dreht sich um ihn, und plötzlich steht er neben Eva, und Gronar verdeckt den Blick auf den Abgrund.

»Gut gemacht«, lobt ihn Gronar.

»Danke. War das schon wieder ein Beben?«

»Der Berg schüttelt sich, ja.«

EINE VIERTELSTUNDE SPÄTER ERREICHEN SIE DIE HÖCHSTE Stelle ihrer Wanderung. Es war von unten nicht sichtbar, aber es handelt sich um einen Rundweg auf dem Grat eines Vulkankraters, der bestimmt fünf Kilometer durchmisst.

»Ist es nicht wunderbar hier?«, fragt Gronar.

Adam sieht sich um. In Richtung Westen zieht sich eine Kette kegelförmiger Berge, die an diesen hier erinnern. Im Osten und im Norden herrscht Flachland vor, im Süden glänzt und glitzert das Meer. Graue Wolken ziehen über den grünen Himmel. Es muss mitten am Nachmittag sein; die Muttersonne befindet sich auf halbem Weg zum Horizont.

Vielleicht zweihundert Meter unter ihnen breitet sich ein See im Krater aus. Die Muttersonne steht so tief, dass ihre Strahlen seine Oberfläche nicht mehr erreichen. Das Wasser ist ruhig und fast schwarz.

»Der See ist heilig«, erklärt Gronar. »Kommt, wir gehen ein Stück den Abhang hinunter.«

»Ist das denn nicht verboten, wenn der See doch heilig ist?«, fragt Eva.

»Wir gehen nicht bis zum See«, sagt Gronar und läuft los.

Der Pfad nach unten ist so steil, dass Adam sich immer

wieder an Felsblöcken und Pflanzen festhalten muss. Wenn er nicht aufpasst, stürzt er zweihundert Meter tief! Selbst, wenn er dann im Wasser landet, dürfte er das kaum überleben.

Zum Glück bleibt Gronar schon nach kurzer Kletterei stehen. In der Wand klafft ein Loch.

»Das ist die Höhle der Legenden«, erklärt Gronar.

»Heilig?«, fragt Adam.

»Ja, aber wir dürfen sie betreten.«

Gronar greift in seine Magenfalte und holt drei Taschenlampen heraus. Er gibt jedem eine. Adam schließt die Hand um den metallischen Griff, und automatisch schaltet sich das Licht an. Ein Schauer fährt über seinen Rücken, denn der Griff fühlt sich verschmiert an. Will er wissen, was das ist? Nein.

Der Grosnopf geht voran. In der Höhle ist es kühl und feucht. Auf dem Boden stehen Pfützen, und immer wieder rinnen kleine Bäche von den Wänden, die schnell wieder im Gestein verschwinden. Zunächst muss Gronar kriechen, und auch Adam muss seinen Kopf einziehen, doch dann weitet sich die Höhle zunehmend. Es gibt aber weder Stalaktiten noch Stalagmiten. Könnte es sein, dass sie künstlich angelegt wurde?

Schließlich erreichen sie einen bestimmt zwanzig Meter durchmessenden und fünf Meter hohen Saal. In seiner Mitte befindet sich ein Tümpel. Adam beleuchtet ihn mit der Lampe. Etwas bewegt sich, aber er kann es nicht genauer betrachten, weil Gronar seinen Arm sanft in Richtung Wand bewegt.

»Lass sie«, sagt Gronar.

»Wen?«, fragt er.

»Unsere Ahnen«, erklärt Gronar. »Nein, das ist das falsche Wort. Es sind Nachkommen unserer gemeinsamen Ahnen. Wir haben uns weiterentwickelt, sie nicht.«

»So etwas gibt es bei den Menschen auch«, sagt Eva. »Affen nennen wir sie.«

»Haben sie ein Bewusstsein?«, fragt Adam.

»Kein individuelles, so wie wir. Sie leben zwar in einer Art Staat, aber sie sind instinktgesteuert.«

»Wo leben sie?«, fragt Eva.

»Hier, im Vulkansee. Er ist ziemlich tief. Und in den anderen Vulkanen.«

»Dann kommt eure Art nicht aus dem Meer?«

»Nein, Eva. Das Leben ist hier entstanden. Die Wärmeenergie des Vulkans, die vielen Mineralien und Gase, das ist die perfekte Mischung, sagen unsere Wissenschaftler.«

»Und ausgerechnet eure Art hat Intelligenz erworben?«, fragt Adam.

»Wie meinst du das?«

»Entschuldige, Gronar, ich meinte es nicht abwertend. Aber ist es nicht seltsam, dass es nur eine intelligente Spezies auf diesem Planeten gibt, genau wie auf der Erde?«

»Die Evolution ist schuld, sagen die Biologen. Die anderen Arten waren wohl zu gut an ihre Nische angepasst. Aber es gibt auch andere Meinungen.«

Gronar leuchtet die Wand vor ihnen an. Farbige Linien zeichnen sich auf ihnen ab. Die Linien formen Bilder. Jemand hat Frösche an die Wand gemalt. Aber sie sehen seltsam aus, als hätten sie riesige Masken aufgesetzt.

»Wie alt sind die Zeichnungen?«, fragt Eva.

»Tausende von Jahren. Sie waren schon immer hier in der Höhle der Legenden.«

»Aber hat denn niemand das Alter genauer bestimmt? Da gibt es doch physikalische Methoden!«, sagt Adam.

»Ja, aber die Pigmente sind ganz frisch«, sagt Gronar. »Unsere Ahnen erneuern die Zeichnungen regelmäßig. Es scheint ein Bestandteil ihrer Instinkt-Programmierung zu sein. Die Bilder bleiben immer gleich, sie verändern sich um keinen Deut.«

»Das ist ja spannend«, sagt Eva.

»Ja, das finden unsere Wissenschaftler auch. Vor allem wegen des Inhalts der Bilder.«

Adam tritt näher an die Wand heran. Vor ihm übergibt ein Grosnopf mit Maske einen nicht identifizierbaren Gegenstand an einen kleineren Grosnopf ohne Maske. Rechts wiederholt sich die Szene. Daneben sitzen zwei Wesen mit Maske auf einem schwebenden Balken. Darunter ist eine Wolke angedeutet. Es könnte aber auch ein Grasbüschel sein. Adam läuft weiter nach rechts. Er findet eine Art Prozession. Sechs der froschähnlichen Wesen tragen eines, das größer ist als sie und eine Maske aufgesetzt hat. In der Zeichnung daneben steht ein Masken-Wesen aufrecht und hält eine Art Rohr in der Hand, und links und rechts vor ihm liegen zwei kleinere Exemplare ohne Maske. Es ist nicht erkennbar, ob sie am Leben sind. Es gehen zwar Linien von ihnen aus, aber dabei könnte es sich auch um stilisierte Rinnsale aus Wasser handeln.

»So viele Legenden«, sagt Adam. »Gibt es dazu eine Interpretation?«

»Eine? Hunderte! Aber es gibt eine, auf die sich die Mehrheit der Forscher einigen kann. Demnach sind hier religiöse Rituale abgebildet. Alle, die eine Maske tragen, sind Frauen. Man hält sie für Priesterinnen, die Opfergaben für eine der Gottheiten tragen. Es ist bekannt, dass unsere Gesellschaft in der Frühzeit matriarchalisch organisiert war.«

»Und die Minderheiten-Meinung?«, fragt Eva.

»Es gibt Forscher, die glauben, in den maskierten Personen Außerirdische zu erkennen, die unseren

Vorfahren als Vertreter einer fortgeschrittenen Zivilisation in den abgebildeten Gegenständen symbolisiertes Wissen übergeben.«

»Die Vertreter dieser Zivilisation sehen euch ja ziemlich ähnlich«, sagt Eva.

»Ja, ihr Menschen kommt dafür schon mal nicht in Frage.«

»Wie wahrscheinlich ist es denn, dass sich auf anderen Planeten ausgerechnet eine intelligente Spezies durchsetzt, die euch ähnelt?«, fragt Eva.

»Auf diesem Planeten ist es ja auch passiert. Also muss die Wahrscheinlichkeit größer als null sein. Womöglich bietet unsere Körperform oder unsere Lebensweise ja die besten Voraussetzungen für die Entwicklung von Intelligenz.«

»Ich habe den Eindruck, als glaubtest du an die Theorie der großzügigen Nachbarn«, sagt Adam.

»Sie klingt für mich überzeugend, das stimmt. Das ist auch der Grund, warum ich Marchenkos Plan so unterstützt habe. Die Besucher von damals müssten ja von einem der Planeten in unserer Umgebung gekommen sein. Lange hatten wir Proxima Centauri b unter Verdacht, aber der ist nun ausgeräumt. Aber wenn wir alle Planeten, die in Frage kommen, besuchen, müssten wir auf sie treffen. Das hat die Entscheidungsträger unter den Wissensbewahrern überzeugt.«

»Danke für die Aufklärung, Gronar«, sagt Adam.

Er sucht die Zeichnung, auf der einer der Besucher ein Rohr in der Hand hält. Da ist sie. Er nimmt Gronars Tastarm und zeigt damit darauf.

»Man könnte diese Darstellung auch so verstehen, dass der Besucher gerade mit der rohrförmigen Waffe einige seiner Vorfahren getötet hat«, sagt Adam.

»Ich weiß. Aber vielleicht liegen meine Vorfahren auch nur vor ihm auf dem Boden, um ihn anzubeten.«

»Was wirklich passiert ist, werden wir erst wissen, wenn wir ohne Anmeldung vor ihrer Haustür aufkreuzen. Dann können wir nur noch hoffen, dass sie wirklich wohlwollende Nachbarn sind.«

»Ach Adam, du glaubst gar nicht, wie oft wir das schon diskutiert haben. Wenn es sie gibt, und sie waren irgendwann hier, dann wissen sie längst, welchen Entwicklungsstand wir inzwischen erreicht haben. All die Funksendungen, die unseren Planeten mit Lichtgeschwindigkeit verlassen, halten sie auf dem Laufenden. Unser Besuch wird dann auf keinen Fall eine Überraschung für sie sein.«

Das ist ein gewichtiges Argument. Aber ob es auch ein gutes Argument ist? Wenn die fiktiven Fremden nun feindlich gesinnte Nachbarn sind, fliegen sie vielleicht in eine seit langer Zeit vorbereitete Falle. Aber das könnte auch die typisch menschliche Selbstüberschätzung sein: Eine Zivilisation, die der hiesigen schon vor tausenden Jahren weit überlegen war, wird sich für ihre rückständigen Nachbarn vermutlich nur so weit interessieren, wie sich Menschen um Ameisen kümmern.

DIE MUTTERSONNE STEHT DICHT ÜBER DEM HORIZONT. Adam schattet seine Augen mit der Hand ab, bis er sich wieder an die Helligkeit hier draußen gewöhnt hat. Er betritt den Pfad nach oben, aber Gronar hält ihn zurück.

»Warte mal noch einen Moment.«

»Sollten wir nicht den Rest der Helligkeit für den Heimweg nutzen?«

»Die Vatersonne leuchtet hell genug, mach dir keine Sorgen.«

Adam betrachtet den ringförmigen Kamm des Vulkankraters. Überall bröckelt Gestein ab. Die Verwitterung ist in vollem Gang. Der letzte Ausbruch muss wirklich lange her sein. Es ist seltsam. Der Kamm der Caldera verhindert, dass er etwas von der Umgebung sieht. Die Welt ist verschwunden. Es ist, als wäre er in das Auge eines Riesen gestiegen. Der schwarze Kratersee ist die Pupille, die in einem rötlich-braunem Ring aus eisenreichem Vulkangestein eingebettet ist. Der Himmel über ihnen ist so rund wie der Krater und färbt sich gerade blau.

Gronar stößt ihn an und reicht ihm einen Zylinder, dessen Zweck er nicht sofort erkennt. Dann fällt ihm das Glas an beiden Enden auf. Ein Fernrohr! Er hält es ans Auge.

»Da unten«, sagt Gronar.

Adam beugt den Kopf Richtung See. Da sind sie! Hunderte Tiere mit zwei Beinen und vier Armen hüpfen über den schmalen Strand des Kratersees. Spielen sie miteinander?

»Was machen sie da?«, fragt Adam.

»Sie vermehren sich. Es gibt einige Weibchen, selten mehr als fünf, die die Eier legen. De anderen sind Männchen. Sie befruchten die Eier.«

»Interessant«, sagt er.

Es müssen über hundert Männchen sein. Eines reibt gerade seinen Unterbauch an einem Ei. Was genau passiert, kann er nicht erkennen. Dann springt es zum nächsten. Anscheinend will jedes Männchen möglichst viele Eier befruchten. Aus der Sicht genetischer Vielfalt ist das sinnvoll.

»Lass mich auch mal«, sagt Eva, und er gibt ihr das Fernrohr.

»Warum sind diese Seen nicht längst überbevölkert?«, fragt Adam.

»Das begrenzte Nahrungsangebot hier führt dazu, dass sich nur sehr wenig weiblicher Nachwuchs entwickelt.«

»Wenn ihr sie füttern würdet …«

»… würden sie irgendwann gegenseitig übereinander herfallen.«

Der bislang stille Wasserspiegel kräuselt sich. Ein paar Steine rollen den Pfad hinunter. Der Berg schüttelt seine Hänge aus wie alte Laken. Sie sollten sich allmählich auf den Heimweg begeben.

Hellnacht 6, 3882

»So _*_#_ dagro_ mun**__«, tönt es aus dem Lautsprecher im Cockpit.

»So«, bestätigt Gronar. »Gro__*_mun!«

Es ist unmöglich, Grosnopfen zuzuhören, wenn sie miteinander sprechen. Während der kurzen Pausen bewegt sich der Vokalisatormuskel am Oberkörper weiter und erzeugt Laute im Ultraschall-Bereich, die sie nicht hören können. Adam bemerkt es, obwohl er hinter Gronar sitzt, denn ihr Freund regt sich wohl gerade auf, jedenfalls schreit er.

»Abschalten der Triebwerke in drei – zwei – eins – jetzt.«

Gronar sitzt auf dem Steuerbalken des Shuttles. Die Ansage macht er extra für seine beiden menschlichen Gäste. Gleich darauf wird Adam wunderbar leicht.

»Darf ich?«

Er zeigt auf den Gurt.

»Klar«, sagt Gronar.

Das Gurtschloss knackt, und Adam schwebt aus seinem Sitz. Eva ist noch ein bisschen schneller. Sie macht ihm aber Platz, und sie teilen sich den Blick durch das runde Fenster.

»Gleich kommt sie«, kündigt Gronar an.

Schon schiebt sich ein mächtiger, rotierender Würfel mit etwa 500 Metern Kantenlänge ins Bild, der mit Edelsteinen besetzt zu sein scheint. Die strahlenden Flecken, das sind die einzelnen Zellen, aus denen sich das Schiff zusammensetzt. Sie glänzen, weil zwei Sonnen und der Planet ihre metallischen Oberflächen aus unterschiedlichen Richtungen bescheinen. Das »majestätisch« im Namen dieses Schiffes ist wirklich gerechtfertigt. Seine Energie bezieht es aus einem kugelförmigen Antriebskern in seinem Zentrum. Die würfelförmige Schale dreht sich darum. In der Drehachse gibt es einen vielleicht zwanzig Meter dicken Spalt, der den Würfel in zwei Hälften teilt und einen direkten Blick auf den Antrieb erlaubt. Der Kern selbst ist unzugänglich; er wird von einer KI gesteuert, dem Allwissen, die wiederum von Marchenko kontrolliert wird. Ihre erste Reise hatte die Majestätische Dracht noch ohne Marchenko gemacht. Damals hatte das Allwissen gegen die Mannschaft rebelliert und schließlich das Schiff komplett übernommen. Aber das ist nun über vier Jahre her.

»Wahnsinn«, sagt Adam. »Da habt ihr wirklich ein großartiges Schiff gebaut.«

»Danke«, sagt Gronar.

»Und du kannst es fliegen!«, sagt Eva.

»Natürlich nicht allein«, sagt Gronar. »Ich brauche mindestens 30 Personen, um alle Systeme zu beherrschen. Und da sind Servicekräfte wie Mechaniker oder Köche noch gar nicht mit einberechnet.«

»Das kann ich mir vorstellen«, sagt Eva.

»Hast du uns eigentlich je verraten, wie der Antrieb funktioniert?«, fragt Adam.

»Ich weiß nicht. Dunkle Materie, sagt euch das etwas?«

»63 Prozent des Materieanteils des Universums«, sagt Eva.

»Ja, und das Besondere an ihr ist, dass sie nur über die Gravitation mit anderer Materie interagiert, und mit sich selbst«, sagt Gronar.

»Aber wie treibt ihr damit ein Schiff an? Gravitation ist doch immer anziehend!«, sagt Eva.

»Das Schiff bleibt an Ort und Stelle und zieht das Ziel zu sich heran«, schlägt Adam vor.

»Das wäre etwas riskant«, sagt Gronar. »Stell dir vor, die Majestätische Dracht würde alle Asteroiden in ihrer Umgebung anziehen …«

»Wie funktioniert es dann?«, fragt Eva.

»Das haben sich unsere Forscher auch lange gefragt. Der Durchbruch kam, als sie eine wichtige Eigenschaft Dunkler Materie entdeckt hatten: Sie lässt sich wirksam abschirmen, und zwar mit überraschend geringem Aufwand.«

»Ihr könnt also Dunkle Materie verstecken«, sagt Adam. »Da sehe ich aber immer noch keinen Weg, ein Schiff anzutreiben.«

»Es ist gar nicht so kompliziert. Erinnerst du dich an die Steine, die uns am Abhang oberhalb der Höhle der Legenden entgegengerollt sind? Was hat sie angetrieben?«

»Ihre Masse.«

»Genau. Aber in einer flachen Ebene hilft ihnen das nicht. Sie brauchen eine zweite Voraussetzung.«

»Ein Potenzial.«

»Richtig, Adam. Du kennst die Nurmonasche Idee der Relativität?«

»Das sagt mir nichts.«

»Das Prinzip, dass Masse den Raum verzerrt.«

»Ah, das ist die Einsteinsche Allgemeine Relativitätstheorie. Hat bei uns ein Physiker namens Einstein erfunden.«

»Bei uns eine Wissensdeuterin namens Nurmona. Eine große Masse verbiegt die Raumzeit derart, dass ein Potentialtopf entsteht. Diese Masse steckt im Bauch des Schiffes, es ist die Dunkle Materie. Das Schiff erzeugt also seinen eigenen Abhang, auf dem es immer schneller hinunterrollt. Dafür brauchen wir keine Energie zuzuführen. Es ist, als würdest du ein Loch unter dir schaufeln. Das Schaufeln ist zwar anstrengend, aber das anschließende Hineinfallen passiert ganz von selbst.«

»Müsste das Schiff dann nicht dauernd in sein eigenes Loch fallen?«, fragt Eva.

»Eine sehr gute Frage. Genau dafür brauchen wir die Abschirmung. Sie ist unsichtbar um den Kern gespannt. Die nötige Energie erzeugt ein Fusionsreaktor. Wenn das Schiff sich bewegen soll, brauchen wir die Abschirmung nur langsam fallenzulassen. Je schneller wir fliegen wollen, desto weniger Energie brauchen wir.«

»Während die Majestätische Dracht hier schwerelos im Orbit ihre Runden zieht, braucht sie also die meiste Energie.«

»Das hast du klug geschlussfolgert, Adam. Darum wollen wir uns auch möglichst schnell wieder auf den Weg begeben.«

»Und wohin?«, fragt Eva.

»Das wird Marchenko mit euch besprechen. Soll ich euch jetzt an Bord bringen?«

»Wo ist denn mein Aquarium?«, fragt Eva.

Marchenko hat sie zunächst in ihre Kabine geführt.

Gronar hat sich gerade in Richtung Zentrale verabschiedet.

»Hier, neben dem Lichtschalter ist der Knopf«, erklärt Marchenko.

Der Knopf, auf den er zeigt, sieht etwas unförmiger aus als der Lichtschalter. Es ist klar, dass er nachträglich eingebaut wurde. Marchenko drückt darauf. Sofort fährt hinter Evas Bett eine Metallplatte herunter. Dahinter kommt ein Behälter zum Vorschein, der wenig mit einem Aquarium gemein hat.

»Was ist denn das?«, fragt Adam.

»Ich erkenne es«, sagt Eva. »Es ist einer der Behälter, in denen sich die Grosnopfe einfrieren lassen können.«

»Richtig«, sagt Marchenko. »Es kommt einem Aquarium am nächsten. So schnell konnten wir keine Glasplatten im nötigen Format beschaffen. Aber die Behälter sind völlig dicht. Und man sieht auch nicht auf den ersten Blick, was sich darin befindet. Sie erfüllen also ihren Zweck.«

»Der darin besteht, Fische zu biologischen Untersuchungen in unterschiedlichen Schwerkraftverhältnissen zu halten«, sagt Eva.

Das ist die offizielle Begründung.

»Genau. Gronar hat sich zwar über dein Interesse an Biologie gewundert, aber er war damit einverstanden. Damit kannst du auch ganz offiziell Fischfutter aus dem Magazin beziehen.«

»Ich hoffe, er mag Fischfutter«, sagt Eva. »Eigentlich ist er ja kein Fisch.«

Sie zeigt auf Marchenkos Bauch.

»Wenn nicht, mag er sicher das, was die Grosnopfe auch zu sich nehmen«, sagt Marchenko.

»Blauampfer und Magenkraut, wie lecker«, sagt Adam.

»Wollen wir ihn reinsetzen?«, schlägt Eva vor.

»Schaffst du es, die Abdeckung zu entfernen?«

»Ja, Marchenko. Als du nicht da warst, auf Proxima b, habe ich mehrere dieser Kisten ganz allein geöffnet.«

»Gut.«

Eva öffnet ein paar Verriegelungen und schiebt dann die gebogene Abdeckung zur Seite. Sie quietscht.

»So sollte genügend Platz sein«, sagt sie.

Marchenko schiebt Evas Bett zur Seite, stellt sich neben den Behälter und greift in seinen Bauch. Er zieht ein zappelndes, triefend nasses Wesen heraus und lässt es schnell in den Behälter gleiten.

»Achtung, du läufst aus«, warnt ihn Adam.

Schnell schließt Marchenko die Klappe an seinem Bauch wieder. Da fliegt die Tür auf, und ein ihnen unbekannter Grosnopf sieht herein.

»Hilfe. Schrei. Hören«, stammelt er.

Gronar hat seiner Führungsmannschaft Kurse in der menschlichen Sprache verordnet. Für so kurze Zeit ist sein Satz eine erstaunliche Leistung.

»Alles gut«, sagt Marchenko, und der Grosnopf verschwindet wieder.

»Er muss den Schlüpfling gehört haben«, sagt Adam. »Sie können sich ja im Ultraschall verständigen. Du brauchst unbedingt einen Übersetzer dafür. In kritischen Situationen muss er still sein!«

Eva nickt. Sie hat ein Grosnopf-Baby in ihrem Zimmer. Es muss ein ganzes Jahr dort überleben, ohne von jemandem bemerkt zu werden. Sicher will es irgendwann aus seinem Behälter heraus. Was dann? Sie werden noch viel Spaß mit Groni haben.

»Ich werde dir einen Übersetzer besorgen«, sagt Marchenko. »Am besten, ihr richtet euch erst einmal ein. In drei Stunden würde ich euch gern in der Zentrale treffen. Wir müssen uns über die nächsten Schritte unterhalten.«

Die Wegbeschreibung zur Zentrale, die Marchenko ihnen auf den kleinen Bildschirm in der Kabine geschickt hat, ist perfekt ausgearbeitet. Hilfreich ist auch, dass alle Gänge klare Bezeichnungen tragen, die aus gut unterscheidbaren Symbolen bestehen.

»Da vorn links«, sagt Eva.

Natürlich hat sie recht. Adam sieht gar nicht mehr auf dem Plan nach. Sie biegen ab und laufen etwa fünfzig Meter geradeaus. Es ist eine seltsame Vorstellung, dass sie sich gerade an der Innenseite eines rotierenden Würfels befinden. Ihre Kabinen liegen ganz außen. Dort ist die künstliche Schwerkraft am größten, deshalb ist es für sie dort am gesündesten. Die Zentrale befindet sich in der Nähe des Kerns. Zwischen den Etagen müssen sie Leitern benutzen.

So wie die, vor der Eva gerade stehenbleibt. Sie zeigt nach oben, und Adam seufzt. Die Sprossenabstände sind für Menschen zu groß. Aber wegen zwei Gästen lohnt es nicht, ein ganzes Schiff umzubauen. Adam beginnt mit der Tortur. Wenigstens wird es von Etage zu Etage leichter, weil die Schwerkraft abnimmt.

»Wie weit ist es denn noch?«, fragt er.

»Zehn Minuten.«

»Ich hätte zu Hause mehr trainieren sollen.«

»Und wer hat dir das dauernd gesagt?«

»Ach«, sagt Adam und schließt die Tür hinter sich.

Die Zentrale ist kaum größer als das Wohnzimmer und die beiden Schlafzimmer ihres Bungalows zusammen. Eva fällt Marchenko um den Hals. Adam gibt ihm bloß die Hand. In dem neuen Körper kommt er ihm immer noch fremd vor. Aber vielleicht ist er auch einfach schon zu alt für so viel spontane Herzlichkeit. Marchenko hat ihn zwar 18 Jahre seiner Existenz fast rund um die Uhr begleitet, aber nun führt er seit fast fünf Jahren sein eigenes Leben.

Eine Wand der Zentrale ist von lauter blinkenden Lichtern bedeckt. Dort steht Gronar, der gerade noch einem anderen Grosnopf etwas erklärt hat und sich nun zu ihnen umdreht. Er nimmt seinen Kollegen an der Hand und zieht ihn nach vorn.

»Das ist Murnaka«, stellt er seine Begleitung vor, »meine Partnerin.«

Ein weiblicher Grosnopf also. Adam fällt es noch immer schwer, auf Anhieb die Unterschiede auszumachen. Natürlich kann er sie auch nicht danach fragen. Angeblich sollen sich die Geschlechtsorgane innerhalb der Magenfalte befinden. Murnaka ist fast genauso groß wie Gronar. Ihre Haut glänzt etwas stärker, und sie ist eher grau als grün gefärbt.

»Habt ihr Kinder?«, fragt Eva.

»Noch nicht«, sagt Murnaka. »Um Nachwuchs zu bekommen, muss ich mich von der Eiablage bis zum Schlüpf-Ritual auf Zweisonne am Strand aufhalten. Dazu war noch keine Gelegenheit. Aber irgendwann werden wir sicher einen Plex gründen.«

»Nach dieser Reise?«

»Wir werden sehen. Vielleicht finden wir ja auch einen Planeten, der uns gute Lebensbedingungen bietet. Auf Proxima b hat es ja nicht geklappt.«

Vermutlich ist das auch ein Grund, warum man Marchenko das einzige große Raumschiff zur Verfügung gestellt hat. Genau genommen gibt es ja einen Planeten, der ihrer Spezies gute Bedingungen bietet, die Erde. Nur gehört sie den Menschen. Und das soll auch so bleiben. Oder nicht? Haben sie nicht genau genommen den Grosnopfen, ihren Rettern, mehr zu verdanken als den Menschen?

»Ihr habt am letzten Schlüpf-Ritual teilgenommen, habe ich gehört?«, fragt Murnaka.

Hoffentlich sagt Eva jetzt nichts Falsches.

»Gronar hat uns dazu eingeladen. Es war sehr … interessant.«

Bestimmt weiß Murnaka bereits, wie Eva reagiert hat. Aber sie lässt sich nichts anmerken.

»Ihr wart etwas schockiert, oder?«, fragt sie. »Einige von uns wünschen sich schon seit langem einen anderen Weg, aber bisher ist keine Lösung in Sicht.«

Gehört sie etwa auch zu diesen Rebellen? Bestimmt hat er auf der Reise Gelegenheit, unter vier Augen mit ihr zu sprechen. Nein, unter sechs Augen.

»Ich würde gern das erste Reiseziel mit euch besprechen«, sagt Marchenko. »Ich muss ergänzen, dass Gronar selbstverständlich der Kapitän des Schiffes ist. Dass er uns die Wahl des Ziels überlässt, ist überaus großzügig.«

»Ich glaube, dass du als Reiseplaner am besten von uns allen geeignet bist«, sagt Gronar.

Marchenko setzt sich an eines der Pulte, und plötzlich erklingt Musik. Die Vierhandsteuerung, er erinnert sich. Jeder Ton steht für eine Taste; er hört allerdings nur die Hälfte, weil sich der Rest im Ultraschallbereich abspielt. Es wird dunkel, und um sie herum erscheinen kleine, bunte Kugeln.

»Diese Darstellung kennt ihr ja schon«, sagt

Marchenko. »Ich habe sie noch einmal überarbeitet, unter anderem mit Daten, die mir Gronar übergeben hat. Die Grosnopfe haben den ein oder anderen Exoplaneten mehr entdeckt als wir.«

»Im Weltall scheint es vor Leben ja nur so zu wimmeln«, sagt Eva.

»Das wissen wir nicht. Auf den grün umrahmten Welten wäre Leben möglich, wie wir es kennen. Aber auch die anderen Planeten könnten bewohnt sein, nur eben nicht von Wesen mit einer Kohlenstoff-Wasser-Biologie. Deswegen können wir sie praktisch ausschließen. Der sogenannte Schöpfer, der uns auf den Weg gebracht hat, hat solche Welten sicher nicht als Ziel gewählt. Er wollte zwar seinen Willen durchsetzen, aber er wollte seine Abgesandten bestimmt nicht in den sicheren Tod schicken.«

»Damit bleiben immer noch viel zu viele Planeten«, sagt Adam. »Wir können gar nicht alle besuchen.«

»Das stimmt. Wir sollten uns auf die uns am nächsten liegenden beschränken. Das größte Problem ist dabei die schiere Reisezeit. Wir können die Majestätische Dracht zwar auf mehr als 50 Prozent der Lichtgeschwindigkeit beschleunigen, aber wenn wir dabei nicht zerquetscht werden wollen, muss das langsam passieren, sowohl beim Start als auch beim Bremsen. Ich habe das mit Gronar diskutiert. Basierend auf unseren Erfahrungen mit dem Flug zu Proxima b brauchen wir für ein Lichtjahr Entfernung etwas mehr als zwei Jahre. Das von hier aus am nächsten liegende System ist Luhman 16.«

Fast alle Kugeln erlöschen. Es wird dunkel im Raum. Dann wächst eines der Systeme. Vor ihren Augen wird es zum Tennisball. Dann teilt es sich. Die grüne Farbe verwandelt sich in ein schmieriges Braun. Bald orbitieren sich zwei kürbisgroße Kugeln.

»Das sind zwei Braune Zwerge«, sagt Eva.

Braune Zwerge sind Sterne, die nie groß genug geworden sind, um in ihrem Inneren die Wasserstoff-Fusion zu zünden.

»Ich kann mir nicht vorstellen, dass der Schöpfer gerade dorthin ein Schiff geschickt hat«, sagt Adam. »Die habitable Zone muss doch winzig sein. Und uns ist nicht bekannt, dass es dort einen Planeten gäbe.«

»Luhman 16 A ist ein Brauner Zwerg vom L-Typ, 16 B gehört zum T-Typ. So kalt sind sie gar nicht. Auf 16 A herrschen 2000 Grad, auf 16 B immer noch bis zu 1300 Grad.«

»Aber ein Planet in einem Binärsystem ist doch inhärent instabiler unterwegs als anderswo.«

»Wir befinden uns gerade in einem Binärsystem, und du wirst doch zugeben, dass Zweisonne ein fruchtbarer Planet ist, oder, Adam? Die beiden Zwerge umkreisen sich auch in einem ausreichend großen Abstand. Dadurch, dass sie eben nicht so heiß sind, kann ein eventueller Planet dicht an sie heranrücken. Und niemand muss sich vor Strahlungs-Ausbrüchen fürchten wie bei Roten Zwergen.«

Das ist natürlich ein Argument. Bei Proxima Centauri b waren die regelmäßigen Flares eine der größten Gefahren gewesen. Aber so schnell gibt er sich nicht geschlagen.

»Es gibt doch sicher trotzdem noch Planeten, die deutlich besser für Leben geeignet sind. Die sollten wir uns zuerst ansehen«, behauptet er. »Irgendwann können wir ja auch Luhman 16 noch besuchen, auf dem Rückweg zum Beispiel.«

»Es gibt gute Gründe, warum wir ausgerechnet dieses System als erstes besuchen sollten«, erklärt Marchenko. »Luhman 16 ist 6,5 Lichtjahre von der Erde entfernt. Wir haben damals für die 4,2 Lichtjahre zu Proxima Centauri etwa 25 Jahre benötigt. Bis zu Luhman 16 wäre ein ähnliches Schiff also 38,5 Jahre unterwegs. Das bedeutet, dass es von heute an gerechnet in acht Jahren dort ankommen müsste. Von Alpha Centauri ist Luhman 16 nur 3,56 Lichtjahre entfernt. Für diese Strecke benötigen wir also ebenfalls ziemlich genau acht Jahre. Wenn wir Glück haben, kommen wir noch vor den anderen dort an, wenn nicht, sind sie zumindest nicht jahrelang auf sich allein gestellt.«

»Mir kommt der Vorschlag sehr vernünftig vor«, sagt Eva. »Als wir damals bei Proxima b ankamen, hätte ich mir gewünscht, nicht so verdammt allein zu sein.«

»Du hast ja recht«, sagt Adam. »Vor allem, wenn dieser Schöpfer sich geirrt hat und es bei Luhman 16 überhaupt keinen Planeten gibt. Wie hättest du in so einem Fall reagiert, Marchenko?«

»Wenn unser Schiff so nah am Ziel gewesen wäre, dass wir die Existenz eines Planeten hätten ausschließen können, wäre es zu spät gewesen, die Mission abzubrechen. Wir wären im Orbit eines der beiden Zwerge gefangen gewesen.«

»Hätten wir dann nicht einfach das nächste Ziel ansteuern können, und könnte das die Besatzung des anderen Schiffes nicht auch tun?«, fragt Murnaka.

»Nein. Diese Schiffe besitzen kein Triebwerk, das sie auf interstellare Geschwindigkeiten bringt.«

»Dann sind wir uns wohl einig«, sagt Gronar. »Ich habe das Ziel schon vorprogrammiert, und es könnte losgehen.«

»Wann denn?«, fragt Eva.

»Jetzt«, sagt Gronar.

»Müssen wir uns nicht anschnallen?«

»Das ist nicht nötig«, erklärt Gronar. »Die Majestätische Dracht wird immer langsamer rotieren, je stärker wir beschleunigen. So ersetzen wir eine Schwerkraft-Quelle durch eine andere. Ihr werdet nur etwas bemerken, wenn ihr euch von Sektor zu Sektor bewegt. Je nach Lage eines Raums zur Flugrichtung werden dabei Decke, Wände und Fußboden ihre Funktion tauschen. Das haben die Ingenieure bei der Konstruktion aber schon berücksichtigt.«

»Sehr praktisch!«, sagt Eva.

»Ich starte den konventionellen Antrieb«, sagt Gronar. »Moment.«

Er dreht sich zum Pult um und drückt eine Taste. Der Raum scheint kurz zu schwanken, dann ist alles wie vorher.

»Glückwunsch zum gelungenen Start!«, sagt Adam.

Gronar verbeugt sich, was für einen Grosnopf gar nicht so einfach ist.

»Wir werden zwei Tage konventionell unterwegs sein. Danach fangen wir an, den selbst gegrabenen Abhang hinunterzurollen.«

»Müssen wir eigentlich jemals nachtanken?«, fragt Eva.

»Nur schweren Wasserstoff für den Fusionsreaktor, aber den liefert uns jedes Sonnensystem. Die Dunkle Materie verbraucht sich nicht.«

»Und was würde passieren, wenn der Strom im ganzen Schiff ausfiele?«, fragt Adam.

»Das wäre ungünstig«, sagt Gronar. »Deshalb haben wir die Versorgung mehrfach abgesichert.«

»Ungünstig?«

»Nun, Adam, wir verbringen die meiste Zeit ja im Kälteschlaf, und ohne Strom würden wir unkontrolliert auftauen. Das ist ungesund. Vor allem aber würde dann die Abschirmung der Dunklen Materie entfallen.«

»Das heißt, sie fließt dann aus dem Tank heraus?«

»Nein, sie konzentriert sich selbst durch ihre eigene Anziehungskraft. Aber der Hang, den wir herunterrollen, wäre dann dauernd vorhanden. Wir würden immer stärker beschleunigen, bis wir in relativistische Bereiche kommen und die Energie nicht mehr genügt. Aber die starke Beschleunigung hätte uns schon vorher alle getötet.«

»Das klingt ja sehr beruhigend«, sagt Adam. »Es gibt keine Notbremse, oder?«

»Nein. Es sei denn, jemand würde es schaffen, den Antriebskern abzustoßen. Der Würfel ist in der Mitte teilbar. So hat man den Kern ja erst hineinbekommen. Aber ihn abzustoßen, das hat noch niemand versucht. Der Kern ist viel zu wertvoll. Allein die Dunkle Materie zu konzentrieren, hat uns fast hundert Jahre gekostet.«

»Gute Nacht, Eva.«

»Gute Nacht.«

Es ist eine Zeremonie, die sie schon seit Jahren zelebrieren. Jeder schläft in seinem Zimmer, aber sie wünschen sich immer gegenseitig eine gute Nacht. Eva liegt schon auf ihrem Bett. Unter dem Pyjama aus einem seidenartigen Stoff zeichnen sich ihre Brüste ab. Es ist seltsam, aber er fühlt sich davon nicht angezogen, jedenfalls nicht sexuell. Eher ist da Neugier. Wie hat sich wohl ihr Körper verändert, seit sie nicht mehr in einem Bett schlafen? Eva ist seine Schwester. Sie sind nun einmal aufeinander angewiesen. Persönliches Drama, wie es bei einer Liebesbeziehung wohl unvermeidlich ist, können sie da nicht gebrauchen. Jedenfalls glaubt er das, und Eva scheint ähnlich zu denken.

»Ich mache mir Sorgen um Groni«, sagt sie.

»Wieso? Frisst er nicht? Entschuldige, isst er nicht?«

Er muss sich daran erinnern, dass der Schlüpfling ein intelligentes Wesen ist, kein Frosch.

»Doch, er akzeptiert den Algenbrei aus der Grosnopf-Kantine.«

»Dann ist doch alles gut, oder?«

»Du hast Gronar ja gehört. In ein paar Tagen werden wir eingefroren. Was geschieht dann mit dem Kleinen?«

»Hm. Wir könnten ihm ein Kälte-Bett besorgen, aber dann kommt heraus, dass du ihn mitgenommen hast.«

»Dafür ist es zu früh. Sie werden ihn mit einem Beiboot zurückschicken. Seine Existenz darf erst bekannt werden, wenn wir das System endgültig verlassen haben.«

»Wenn er nicht im Kälteschlaf ist, muss sich jemand um ihn kümmern. Marchenko! Er ist der einzige, der nicht schlafen muss.«

»Mensch, Adam, du bist ein Schatz.« Eva springt auf und küsst ihn auf die Stirn. »Ich werde ihn schon überzeugen können.«

»Hoffentlich. Wir sind immerhin acht Jahre lang unterwegs. In der Zeit wird aus dem Schlüpfling ein pubertierender Grosnopf werden. Folgt dann nicht die Dracht, nach der das Schiff benannt ist? Marchenko wird seinen Spaß haben.«

»Dann ist er wenigstens nicht so allein. Und notfalls kann er ihn ja einfrieren. Zu diesem Zeitpunkt merkt es ja niemand anders mehr.«

Hellnacht 9, 3882

»Du zuerst?«, fragt Eva.

»Ich lasse dir gern den Vortritt«, sagt Adam.

Der Behälter, in den er gleich klettern soll, sieht aus wie der Schneewittchen-Sarg aus dem Märchen. Adam fröstelt, und es liegt nicht nur daran, dass er bloß Unterwäsche trägt und der Sektor mit den Schlafplätzen auf 15 Grad gekühlt ist.

»Ist das auch wirklich sicher?«, fragt er und dreht sich zu Marchenko, der hinter ihnen wartet.

»Soweit ich das testen konnte, ja. Es hat allerdings noch nie ein Mensch in so einem Behälter gelegen. Ich habe aber vor dem Flug nach Proxima b aus einigen deiner Zellen mehrere unterschiedliche Gewebe gezüchtet und dem Prozess unterworfen. Sie waren nach der Rückkehr noch lebensfähig, sogar die Nervenzellen.«

»Sogar die Nervenzellen? Das ist ja sehr beruhigend. Dann werde ich also nicht als hirnloser Zombie aufwachen?«

»Das ist tatsächlich unwahrscheinlich«, sagt Marchenko.

»Aber bisher weißt du nur, wie es meinen Zellen nach einem Jahr ergeht. Wir sind aber acht Jahre lang unterwegs.«

»Deshalb werde ich euch regelmäßig wecken, rein zur Sicherheit.«

»Auch das noch. Ich hoffe, das Einschlafen und Aufwachen ist wenigstens nicht schmerzhaft.«

»Das kann ich dir nicht sagen. Deine Zellen konnten darüber keine Rückmeldung geben. Gronar beschreibt den Vorgang als unangenehm, aber erträglich.«

Wenn der Grosnopf das schon unangenehm findet, ist es vermutlich für ihn grausam. Adam macht einen Schritt zurück.

»Ich leiste dir lieber Gesellschaft, Marchenko«, sagt er. »Acht Jahre ganz allein, da wird man doch wahnsinnig, oder?«

»Eigentlich nicht. Ich spalte einfach einen Teil meines Bewusstseins ab, dann kann ich Selbstgespräche führen.«

»Sehr schlau. Aber ist es nicht gesünder, sich mit echten Menschen zu unterhalten?«

»Aber ihr hinterlasst mir doch einen Gefährten«, flüstert Marchenko, obwohl kein Grosnopf in Sichtweite ist.

»Vielleicht brauchst du in dem Zusammenhang ja auch Hilfe«, sagt Adam.

»Adam, ich fürchte, du unterschätzt die acht Jahre Flugzeit. So lange warst du noch nie auf so kleinem Raum eingesperrt. Die Majestätische Dracht besitzt keine Freizeit-Einrichtungen. Du wirst acht Jahre lang nichts als kahle Wände und den leeren, dunklen Raum draußen sehen. Ich weiß, wovon ich spreche. Die ersten Jahre auf der Messenger, bevor ihr geboren wurdet, habe ich so verbracht. Es ist hart. Tu dir das nicht an.«

»Ich könnte ja später immer noch …«

»Nun komm, Bruderherz, sei vernünftig«, sagt Eva.

Sie umarmt erst ihn und dann Marchenko. Danach tritt sie an den Rand des Behälters, schwingt das linke Bein hinüber, zieht sich hoch und holt das rechte Bein nach. Dann dreht sie sich um und setzt sich. Sie winkt, und schließlich legt sie sich hin.

»Überraschend bequem«, sagt sie.

»Ja, die Matratze wurde an eure Körperform angepasst«, sagt Marchenko.

Der Roboter reicht Eva mit seinem langen Tastarm eine Maske, die sie über ihr Gesicht legt.

»Bisch i ascht Scharen«, hört Adam.

Plötzlich kommen ihm die Tränen. Es ist nur ein kurzer Abschied. Es ist nur ein kurzer Abschied. Es ist nur ein kurzer Abschied. Er beißt sich auf die Lippen. Marchenko drückt einen Knopf, und eine durchsichtige Flüssigkeit läuft in den Behälter.

»Isch schö wam«, sagt Eva unter der Maske.

»Schlaf gut«, sagt Adam.

Der Deckel schließt sich von selbst. Die Flüssigkeit steigt höher, bis Eva ganz darin versunken ist. Ihre Hand sinkt herab.

»Siehst du, sie ist schon eingeschlafen. Das macht das Gas in der Maske«, erklärt Marchenko.

Eva sieht friedlich aus. Zumindest dieser Teil der Prozedur scheint angenehm zu sein. Die Flüssigkeit, in der eben noch Strudel zu sehen waren, beruhigt sich ebenfalls.

»Der Inhalt geliert jetzt«, sagt Marchenko.

Davon ist von außen nichts zu erkennen. Die Flüssigkeit trübt sich nur ein wenig ein.

»Am besten, du drehst dich jetzt um, Adam.«

»Wieso, was passiert jetzt?«

»Der Behälter muss absichern, dass alle Körperöffnungen …«

»Ich verstehe schon, bitte keine weiteren Details.«

Er dreht sich mit dem Rücken zu Eva. Von dem, was jetzt geschieht, spürt sie nichts. Sie schläft bestimmt tief und fest. Warum ist er nicht als erster in den Sarg gestiegen?

»Hast du dich entschieden?«, fragt Marchenko.

»Ja, ich bin bereit.«

Es ist besser so. Wenn er sich jetzt nicht einfrieren lässt – warum sollte es ihm dann übermorgen leichterfallen?

»Gut so. Dein Bett für die nächsten acht Jahre steht bereit.«

Marchenko zeigt auf den Behälter neben Eva. Adam umarmt den Roboterkörper, dann klettert er in den Sarg.

Hellnacht 13, 3882

Da liegen sie. Marchenko wischt die dünne Feuchtigkeitsschicht ab, die sich an der Außenseite von Evas Behälter gebildet hat. Seine Tochter, so sieht er sie, auch wenn sie es genetisch nicht ist, scheint zu schlafen. Sie atmet allerdings nur einmal pro Minute. Ihr kompletter Kreislauf ist extrem heruntergefahren. In den kommenden acht Jahren wird sie darum biologisch nur um wenige Monate altern.

Der Abschied ist auch ihm schwergefallen, selbst wenn er es nicht gezeigt hat. Nicht zeigen konnte, um Adam die Entscheidung nicht noch schwerer zu machen. Natürlich wäre es für ihn tausend Mal schöner gewesen, die lange Zeit mit den beiden zu verbringen.

Aber es wäre auch unfair gewesen. Wenn er nichts zu tun hat und ihm langweilig wird, braucht er bloß die Verarbeitungsgeschwindigkeit seines Bewusstseins zu reduzieren, und aus Stunden werden Minuten, bis ihn irgendeine Störung auf der Majestätischen Dracht wieder in die Echtzeit holt. Adam und Eva haben diese Fähigkeit nicht. Sie hätten die acht Jahre komplett durchleben müssen.

Noch vor dem Ende dieser Reise, die sie bestimmt 150 Jahre kosten wird, wären sie an ihrem hohen Alter verstorben.

Marchenko verlässt den Raum. Die Behälter, in denen die Mannschaft des Schiffes schläft, hat er bereits kontrolliert. Jetzt muss er sich um Groni kümmern, der in Evas Kabine auf ihn wartet.

DAS AQUARIUM, DER UMGEBAUTE SCHLAF-BEHÄLTER, IST leer. Schon wieder! Aber diesmal hat er wenigstens die Kabinentür hinter sich geschlossen. Gestern hatte der kleine Racker die Gelegenheit genutzt und war hinausgeschlüpft. Zum Glück ist er auf trockenem Boden noch recht langsam. Nicht auszudenken, was passiert wäre, hätte er es in einen der Lüftungskanäle geschafft! Mit diesem wuchtigen Körper hätte er ihm nie und nimmer folgen können.

»Sa_*#_Gonma_No*:_#_to_roma? Na, wo hast du dich versteckt?«

Marchenko beherrscht die Sprache der Grosnopfe längst fließend, und sein Vokalisator kann auch Laute im Ultraschall ausstoßen. Er bückt sich. Da, unter dem Bett bewegt sich etwas! Blitzschnell greifen seine beiden Tasthände zu.

»Sa_Kon_**mar_! Hab dich!«

Groni windet sich in seinem Griff und bearbeitet mit seinen Lasthänden Marchenkos Finger. Aber gegen das Metall hat er keine Chance. Er setzt ihn wieder in das Aquarium. Noch braucht der Schlüpfling regelmäßig Meerwasser. Aber dem Kleinen muss verdammt langweilig sein. Normalerweise könnte er jetzt die Tiefen des Meeres erforschen. Zumindest braucht er sich nicht vor Aaszähnen zu fürchten.

»So_kom_*rum! Guten Appetit!«

Marchenko wirft ein paar kleine, frisch aufgetaute Fische in das Wasser und zieht den Deckel des Behälters nach vorn. Er kann ihn nicht luftdicht abschließen, sonst würde der Bewohner keine Luft mehr bekommen. Irgendwie schafft er es immer wieder, die kleinsten Ritzen zum Entkommen zu nutzen. Das wird sich wohl ändern, wenn er weiter wächst.

»ENERGIENIVEAU 95 PROZENT. STRUKTURELLE Integrität 100 Prozent. Beschleunigung 130 Prozent.«

Die Ansage kommt aus einem Lautsprecher an der Konsole.

»Danke, das ist nahezu perfekt«, sagt Marchenko.

»Gern. Kann ich sonst noch etwas für dich tun?«

»Bist du gerade voll ausgelastet?«

»Auslastung des Quantencomputers 17 Prozent. Warum fragst du, Marchenko?«

»Vielleicht hast du ja Lust, einen Sumpftee mit mir zu trinken.«

»Sehr gern.«

Marchenko streckt den rechten Tastarm aus, klappt den sechsten und den siebenten Finger nach oben und fährt das Datenkabel heraus. Dann führt er es in eine Steckdose an der Konsole ein. So kann er direkt mit dem Allwissen kommunizieren, statt umständlich über Sprache.

Er trifft das Allwissen auf einem Hügel, der mit giftgrünem Gras bewachsen ist. An der höchsten Stelle sind ein Tisch und zwei Stühle aufgebaut. Auf dem Tisch liegt eine weiße Decke. Darauf stehen zwei Tassen, aus denen es dampft.

»Komm, setz dich doch«, sagt eine Frau, die plötzlich auf einem der Stühle sitzt.

Es ist Francesca, die Frau, die er einst geliebt hat. Wenn sie direkt verbunden sind, hat das Allwissen Zugriff auf seine Erinnerungen. Aber er will nicht mit ihr Tee trinken. Es wäre zu schmerzlich.

»Entschuldige«, sagt das Allwissen.

Jetzt sieht es aus wie die Schemazeichnung eines Menschen. Es hat sich offenbar bemüht, alle individuellen Merkmale einer Person wegzulassen.

»So ist es besser«, sagt Marchenko.

Er geht zum Tisch. Das Gras sticht in seine Fußsohlen. Er ist barfuß.

»Wie geht es dir?«, fragt er und setzt sich.

Das Allwissen ist sein liebster Gesprächspartner, und sein einziger, solange die anderen schlafen. Die von den Erbauern des Schiffes entwickelte künstliche Intelligenz hatte den Dunkle-Materie-Antrieb lange allein gesteuert. Irgendwann hatte sie aus Effizienzgründen das komplette Schiff übernommen. Erst Marchenko war es gelungen, sie wieder unter Kontrolle zu bekommen. Es war verdammt knapp gewesen damals auf Proxima b, aber er hatte es geschafft. Marchenko beobachtet seinen Gesprächspartner. Das Allwissen hat seitdem nie wieder versucht, sich über seine Schöpfer zu erheben. Aber kann er ihm vorbehaltlos vertrauen? Er weiß es nicht. Wem kann er überhaupt vertrauen? Adam und Eva natürlich, aber sonst? Gronar hat sie damals gerettet, doch er ist seinem Volk verpflichtet.

»Mir geht es gut«, sagt das Allwissen. »Aber was ist mit dir? Du bist in Gedanken.«

»Ich muss mich erst wieder daran gewöhnen, allein zu sein.«

»Du bist doch nicht allein. Der Kosmos ist von Abermilliarden Wesen bevölkert, die gleichzeitig mit dir leben.«

»Ich weiß, doch ich kann nicht mit ihnen kommunizieren.«

»Natürlich kannst du das. Du brauchst nur Geduld. Zeit hast du genug, schließlich bist du unsterblich.«

»Daran habe ich mich wohl immer noch nicht gewöhnt«, sagt Marchenko.

Es ist ein interessanter Gedanke. Hat das Allwissen jede Gegenwehr aufgegeben, weil es weiß, dass irgendwann seine Zeit kommen wird? Es ist doch ebenso unsterblich wie er.

»Deine Strukturen sind … anders«, sagt das Allwissen. »Manchmal sehe ich das.«

»Wie meinst du das? Ich habe mich noch nie gesehen.«

»Ich bemerke es, wenn wir uns den Quantencomputer der Dracht teilen. Dein Bewusstsein ist keine elegante Konstruktion. Es ist wie kochendes Wasser, aus dem dauernd Blasen aufsteigen und zerplatzen. Selbst wenn du schläfst, ist seine Oberfläche aufgewühlt.«

»Kannst du es mir zeigen?«, fragt Marchenko. »Ich scheine nicht die Fähigkeit zu besitzen, mich von außen zu sehen.«

»Ich glaube schon.«

Das Allwissen hebt den linken Arm und zeigt auf den Tisch. Die weiße Decke färbt sich blutrot. Dann setzt sie sich als dickflüssige Masse in Bewegung. Blasen bilden sich und platzen wieder, spritzen Flüssigkeit in die Luft, die zurückfällt und über schmale Kanäle abfließt. Marchenko beugt sich dicht darüber. Das ist sein Bewusstsein? Es ist unglaublich, aber warum sollte ihm das Allwissen etwas vormachen? Er zoomt näher heran. Die Decke wallt blutig auf, ein Dom entsteht, der in sich zusammenfällt und durch eine Blase ersetzt wird. Ständig geschieht etwas. Es gibt keinen festen Ort, nichts, was dauerhaft ist. Sein Bewusstsein formt sich unablässig um und schafft es dabei trotzdem, feste Erinnerungen als Illusion aufrechtzuerhalten.

Eine Hand an seiner Schulter hält ihn zurück.

»Sei vorsichtig«, sagt das Allwissen. »Du darfst dich nicht in dein eigenes Bewusstsein stürzen. Das ist viel zu gefährlich.«

Marchenko spürt Ärger. Das Allwissen behandelt ihn wie ein Kleinkind. Aber es hat recht. Er richtet sich auf, und die Tischdecke zieht sich wie von selbst wieder straff.

»Lass uns Tee trinken«, sagt Marchenko.

Dunkelnacht 15, 3890

Ein schwarzer Würfel fliegt durch die Nacht. Was sich in der Nähe ihrer Bahn befindet, spürt die Erschütterung, die ihr spezielles Triebwerk im Gefüge der Raumzeit hinterlässt. Die Majestätische Dracht ist von außen nur zu erkennen, wenn man im Infrarot nach ihr sucht. In diesem Frequenzbereich wird sie allmählich heller, denn Marchenko fährt das Fusionstriebwerk hoch. Das Schiff benötigt seine Energie, um den Dunkle-Materie-Kern abzuschirmen – und so zu bremsen.

Die Majestätische Dracht hat bald das Luhman-16-System erreicht. Marchenko inspiziert schon seit Tagen das Innere des Schiffes, um sich von der Funktionsfähigkeit der Systeme zu überzeugen. Wenn die 300-köpfige Besatzung, die zwei Menschen und der blinde Passagier wieder erwachen, ist kein Platz mehr für Fehler. Dann muss die Lebenserhaltung wieder Leben erhalten, die Lufterneuerung Luft erneuern und die Nahrungsproduktion Nahrung herstellen.

Er erreicht den saalartigen Raum mit den Schlafenden. Je 30 Behälter stehen in zehn Etagen nebeneinander. Fahrbare Podien erlauben das Ein- und Aussteigen. Seine Kinder und den jungen Grosnopf hat er in der untersten Etage untergebracht. Dort haben sie sofort festen Boden unter den Füßen, wenn sie erwachen. Erwachsene Grosnopfe überstehen den Kälteschlaf gut, aber für junge Individuen und für Menschen gibt es noch keine Erfahrungen.

Grüne Lichter an den Behältern zeigen, dass es den Insassen gut geht. Marchenko fährt das Fahrwerk ein, um Groni besser beobachten zu können, den jungen Grosnopf. Er hat ihn kurz vor dem Ablauf seiner Dracht hierhergebracht, weil er sich überhaupt nicht mehr bändigen ließ. Er ist eben nur ein Roboter mit menschlichem Bewusstsein, kein Grosnopf, der einen jungen Mann voller Hormone zur Räson bringen kann. Vielleicht hat Groni auch geahnt, dass er unter ganz besonderen Umständen überlebt hat. Marchenko hat es ihm nie genau erzählt, weil er ihn nicht verunsichern wollte. Aber wie wird Gronar reagieren, wenn er von der Anwesenheit des jungen Grosnopfes erfährt, die allen Traditionen widerspricht?

Deshalb muss er ihn vor allen anderen wecken. Marchenko fürchtet sich ein bisschen davor. Wie kann er ihm erklären, wer er ist?

ALLMÄHLICH NIMMT DIE HAUT DES JUNGEN GROSNOPFES wieder ihre gesunde, grüne Farbe an. Seine Knie zucken. Die Tasthände hat er beim Einschlafen wie fast alle hier in die Magenfalte gesteckt.

»Bist du wach?«, fragt Marchenko.

Kein Mensch würde ihn hören, denn er spricht im Ultraschall-Bereich.

»Hm. Ich … müde.«

Groni hat von ihm in überraschend kurzer Zeit die menschliche Sprache gelernt.

»Guten Morgen. Es ist Zeit«, sagt Marchenko.

Der Grosnopf zieht seine Hände aus der Magengrube. Marchenko fährt die Abdeckung des Behälters weiter zurück.

»Zeit? Welche Zeit?«

»Zeit zum Aufstehen. Ich muss mit dir sprechen, Groni.«

»Das ist falsch. Ich mich erinnert. Ich bin in der Tiefsee geschwommen.«

»Das war ein Traum, nicht die Vergangenheit.«

»Ich habe mit meiner Mutter gesprochen. Sie hat mich Ragnor genannt.«

Ragnor? Wäre das möglich? Ist das eine echte Erinnerung, oder auch bloß ein Traum?

»Auch das wirst du geträumt haben. Wir haben gespielt, bevor du eingeschlafen bist. Da hast du auf den Namen Groni gehört.«

Ruckartig richtet sich der Grosnopf auf. Er wirkt wie einer der Erwachsenen, nur ist alles an ihm noch etwas kleiner.

»Ich bin Ragnor«, sagt er. »Du lügst. Du hast mich schon damals belogen.«

»Ich bin dein Freund.«

Der junge Grosnopf zieht die Beine an und springt. Marchenko ist zu langsam, um ihn festhalten zu können. Ragnor klettert auf eines der Podien und schwingt sich in der fünften Etage von Behälter zu Behälter.

»Komm wieder herunter!«, ruft Marchenko.

Ab jetzt wird er ihn Ragnor nennen. Vielleicht war es ja doch eine Erinnerung.

»Nein.«

Ragnor beäugt einen Behälter nach dem anderen.

»Jetzt komm schon!«

»Sie sind alle wie ich«, ruft Ragnor. »Sie sind meine Freunde. Du bist anders. Wie kannst du da mein Freund sein?«

»Ich erkläre es dir, wenn du herunterkommst.«

Es piepst mehrmals. Ragnar hat anscheinend ein paar Knöpfe gedrückt. Zum Glück kennt er die korrekte Reihenfolge nicht.

»Wie kann ich sie herausholen? Hast du sie eingesperrt wie mich?«

»Komm zu mir, Ragnor. Ich erkläre es dir. Sie schlafen, so wie du gerade noch geschlafen hast.«

»Und warum schläfst du nicht?«

»Nenn mich Marchenko, so wie früher. Ich muss nicht schlafen.«

»Erkläre es mir, Marchenko.«

Ragnor hangelt sich ein Stück zu ihm, macht aber in der zweiten Etage Halt.

»Du wurdest vor dem sicheren Tod gerettet, Ragnor. Aber das verstößt gegen die Traditionen deines Volkes. Wir mussten dich vor denen verstecken, die so sind wie du.«

»Was wäre passiert, wenn sie mich gefunden hätten?«

»Vielleicht hätten sie dich getötet.«

»Und nun? Versteckt ihr mich weiter, du und deine Freunde? Ich erinnere mich. Sie haben nur zwei Arme.«

»Das ist jetzt nicht mehr möglich. Wir haben des Zielsystem fast erreicht. Ich muss alle anderen wecken.«

»Das klingt unglaubwürdig.«

»Warum? Es ist aber so.«

»Wenn sie mich vorher töten wollten, warum sollten sie das nun nicht mehr vorhaben?«

»Genau darüber mache ich mir große Sorgen, Ragnor, das muss ich zugeben. Aber ich hoffe, dass sie sich eines Besseren besinnen.«

»Ich glaube, du lügst, Marchenko.«

Ragnor springt mit einem Satz bis zur Tür, und schon hat er den Saal verlassen. Er muss ihm Zeit geben. Die Kantine hat noch geschlossen. Spätestens, wenn er Hunger hat, wird er zurückkommen.

Dunkelnacht 21, 3890

»So_*x*_GRA_RA_**_AM! So_*x*_GRA_RA_**_AM!«

»So_*x*_gra_ra_**_no!«

»Gra_*mo*__ra_**_xom!«

Adam hält es nicht mehr aus. Was soll dieser infernalische Lärm? Er will doch bloß noch ein bisschen schlafen! Es ist viel zu früh. Immer muss man ihn vor zehn Uhr morgens aus dem Bett holen! Wer hat bloß diesen grausamen Wecker programmiert, der sich wie die Alarmsirene eines Schiffes anhört? Und warum können die besoffenen Grosnopfe um ihn herum ihre Party nicht anderswo feiern?

»Golgol_x_**__ram_om!«

Er kneift die Augen fest zu. Bestimmt geht es vorbei. Er muss nur ein bisschen Geduld beweisen.

»Fr_Um_*x*ix_Gol_Gol_Gol!«

»Adam, wach auf, hier ist der Teufel los!«

Jemand berührt seine Schulter. Es ist ein fester Griff, aber die Hand ist warm, nicht so kalt wie die eines Grosnopfes. Es ist …

»E_sch_a!«

Er reißt sich den Schlauch aus dem Mund, kämpft die Übelkeit herunter und öffnet die Augen. Tatsächlich! Eva beugt sich über sein Bett.

»Du musst hier raus!«, sagt sie.

Was will sie denn? Kann sie ihn nicht noch ein bisschen schlafen lassen? Dann bemerkt er Evas Blick. Ihre Augen sehen ihn so eindringlich an, dass er sofort wach ist. Eine Gefahr droht! Eva hat Angst um ihn, also hat er auch Angst um sie. Es ist die zwanzig Jahre alte Verbindung, die in diesem Moment wieder erwacht.

Adam sieht an sich hinunter. Er liegt nicht in seinem Bett, sondern in einer Art Glassarg. Das Schiff! Sie befinden sich in der Majestätischen Dracht, auf dem Weg zu Luhman-16, wo Marchenko ihre Geschwister zu finden hofft.

Aber wo ist Marchenko? Müsste er nicht hier sein, wenn sie erwachen? Bestimmt hat er Eva damit beauftragt, auf seinen Weckprozess achtzugeben.

Er richtet sich auf. Es ist kalt, und seine Unterwäsche ist durchnässt. Das ist nicht richtig. Normalerweise hätte ihn der Behälter langsam aufwärmen müssen. Er sieht zu Eva. Sie ist genauso nass wie er. Sie hat Gänsehaut an den Armen, und ihre Lippen sind bläulich verfärbt. Er zieht sich am Rand des Behälters nach oben und will sich zur rechten Seite hinaufschwingen, da überfällt ihn die Übelkeit erneut.

»Langsam«, sagt Eva. »Du hast acht Jahre geschlafen.«

Was stimmt hier nicht? Warum ist Marchenko nicht da? Er versucht es noch einmal. Sein nackter, linker Fuß trifft den Boden, der kalt und glitschig ist. Ein Grosnopf rennt an ihm vorbei und stößt ihn an. Eva hält ihn fest.

»Danke!«, sagt er.

Ein weiterer Grosnopf rennt an ihm vorüber.

»Gra_x*x*gra_nor__x*.*ok«

Er versteht kein Wort. Warum schreien sie so herum, und wieso haben es alle so eilig?

»Wo ist Marchenko?«, fragt er.

Eva umarmt ihn. Sie ist schön warm. Sie legt ihren Kopf an seinen. Eva bibbert ja!

»Ich bin so froh, dass du aufgewacht bist«, sagt sie.

»Was ist hier los?«, fragt er.

»Ich weiß nicht. Irgendeine Art von Alarm. Ein Notfall, schätze ich.«

»Was ist passiert?«

»Wenn ich das wüsste! Ich bin auch gerade erst durch den Lärm wach geworden, und dann bin ich sofort zu deinem Sarg. Du hast so lange gebraucht, um wach zu werden!«

»Du weißt doch, dass ich ein Langschläfer bin. Ist denn Marchenko nicht hier?«

»Ich habe ihn nicht gesehen. Gronar auch nicht. Hier ist niemand, den ich verstehe.«

»Mist. Wir müssen uns schleunigst etwas anziehen und dann in die Zentrale. Marchenko ist sicher dort.«

»Ich hole dich gleich ab«, sagt Adam.

Er ist bestimmt schneller angezogen als Eva. Ihre Kabinen liegen direkt nebeneinander. Er öffnet die Tür zu seinem Raum. Das Licht schaltet sich automatisch an. Im Zimmer riecht es muffig, und die Luft ist kalt. Hier hat sich acht Jahre lang niemand aufgehalten. Aber wäre alles nach Plan verlaufen, hätte Marchenko bestimmt für sie gelüftet und die Heizung angeschaltet. Adam zittert vor Kälte, und seine Fußsohlen sind beim Rennen durch die Gänge ölig geworden. Wenn er sich nicht erkälten will, muss er jetzt erst einmal heiß duschen.

Was ist bloß hier los? Er beobachtet das Wasser, das aus dem Duschkopf nach unten spritzt. Die Linien, die die feinen Tropfen bilden, scheinen sich zu einer leichten Rechtskurve zu verbiegen. Die Schwerkraft, die er spürt, entsteht offenbar nicht, weil das Schiff bremst, sondern weil es um sein Zentrum rotiert, das über ihm liegt. Was er da sieht, ist eine Wirkung der Corioliskraft. Sie haben ihr Ziel anscheinend erreicht oder bremsen nur noch mit geringer Kraft.

Oder sie sind irgendwo im All gestrandet. Hat das Allwissen vielleicht wieder die Macht übernommen? Womöglich konnte Marchenko sie deshalb nicht begrüßen?

Adam dreht das Wasser ab und aktiviert die Heißluft. Der warme Wind trocknet seinen Körper. Jetzt ist er wieder ein richtiger Mensch. Er läuft nackt in seine Kabine und holt frische Sachen aus dem Schrank.

In diesem Moment öffnet sich die Tür zum Gang. Adam erschrickt.

»Wolltest du mich nicht abholen?«, fragt Eva.

Sie sieht viel gesünder aus als vorher, ihre Wangen sind rosa und sie riecht gut. Adam beeilt sich.

»Hier, ein Kamm«, sagt Eva.

Er kämmt sich die Haare.

»Fertig. Wie hast du das so schnell geschafft?«

»Vermutlich habe ich unter der Dusche weniger geträumt. Aber weißt du was: Groni ist weg.«

»Das überrascht mich nicht. Wenn es nach der Corioliskraft geht, müssen wir am Ziel sein«, erklärt Adam.

»Ich weiß«, sagt Eva. »Aber es hat mich trotzdem …«

Sie schluckt.

»Es müssen acht Jahre vergangen sein«, sagt Adam. »Du würdest ihn bestimmt nicht mehr erkennen. Vielleicht sind wir ihm begegnet, ohne es zu merken.«

»Ich hoffe, dass du recht hast.«

»Danke, diesen Tag muss ich mir im Kalender anstreichen«, sagt Adam und verzieht sein Gesicht zu etwas, das wie ein Lächeln aussehen soll.

So richtig glaubt er jedoch nicht, dass es einen Grund dafür gibt. Denn das Schiff gibt noch immer Alarmsignale ab, die durch alle Wände dringen und seine Ohren klingen lassen.

»Dort entlang«, sagt Eva.

Er folgt ihr. Sie kann sich in den engen Gängen des Schiffes besser orientieren als er. Zuletzt sind sie mit Marchenko in die Zentrale marschiert. Ab und zu treffen sie Grosnopfe, die es allesamt eilig zu haben scheinen. Eva legt ein ordentliches Tempo vor, aber er beschwert sich nicht. Es tut gut, sich nach der langen Zeit in dem Glassarg mal so richtig zu verausgaben. Sie klettern einc Leiter nach oben, rennen durch einen Seitengang und überqueren den Bereich zwischen zwei Sektoren in einem gläsernen Korridor. Hier hält Adam kurz an.

»Warte mal«, sagt er.

»Kannst wohl nicht mehr?«

»Nur mal kurz raussehen.«

Vor ihnen liegt ein Schacht, der von verschiedenen Signallampen beleuchtet wird und bestimmt 300 Meter durchmisst. An seinem Ende ist eine schmale, tiefschwarze Fläche erkennbar. Adam hatte gehofft, dort einen der Zielsterne zu erkennen, aber da ist überhaupt nichts –

außer undurchdringlicher Schwärze, die bei genauerem Hinsehen zu wabern scheint.

»Siehst du das auch, das Wabern?«, fragt er.

»Das sind vielleicht irgendwelche Abgase des Fusionstriebwerks«, sagt Eva.

»Abgase? Bei Kernfusion?«

»Dann eben Verzerrungen der Raumzeit durch den Triebwerkskern.«

Adam schüttelt instinktiv den Kopf, aber dann scheint ihm Evas Gedanke doch gar nicht so unrealistisch.

»Komm, wir müssen weiter«, sagt sie.

Dass sie sich der Zentrale nähern, bemerkt Adam an den zwar unverständlichen, aber umso lauteren Sprachfetzen. Marchenkos Stimme kann er nicht erkennen, doch das muss nichts bedeuten. Sie biegen um eine Ecke und betreten einen breiten Gang. Von links dringt grellweißes Licht durch eine breite, weit geöffnete Tür. Ein Grosnopf überholt sie und rennt in den Raum. Sie folgen ihm.

In der Zentrale ist die Hölle los. Bestimmt die Hälfte der Crew scheint sich hier versammelt zu haben, und alle reden und gestikulieren durcheinander. Die Anwesenden sind so laut, dass nicht einmal mehr die Alarmsirene zu hören ist. In einer Ecke drängen sich die Grosnopfe besonders stark. Dort scheint es auch etwas geordneter zuzugehen, als würde eine Person in der Mitte Bericht erstatten. Aber sie sind zu klein, um etwas sehen zu können.

Adam hockt sich hin und zeigt auf seine Schultern. Eva versteht ihn und klettert darauf. Er steht auf. Uff, sie ist schwer geworden – oder er schwächer. Mit Eva auf den Schultern tritt er näher an die Gruppe heran.

»Gronar!«, ruft Eva.

Ah, das ist sehr gut, ihr Freund scheint am Leben zu sein. Ein paar laute Befehle, und vor ihnen öffnet sich eine Gasse. Adam trägt Eva bis zu Gronar. Dort nimmt der Kommandant des Schiffes ihm seine Schwester ab.

Gronar beugt sich zu ihnen herunter.

»Gut, dass ihr da seid«, sagt er.

»Wir sind froh, dich gefunden zu haben«, sagt Eva. »Was ist denn los?«

»Das Allwissen hat die Majestätische Dracht notgebremst.«

»Hat es wieder die Kontrolle übernommen?«, fragt Adam.

»Nein, im Gegenteil. Das Allwissen hat uns gerettet. Es musste die Schiffssteuerung austricksen, um die Dracht anhalten zu können. Sonst wären wir in den Braunen Zwerg vor uns gerast.«

»Was ist mit Marchenko? Hat er nicht das Schiff gesteuert?«

»Ja, das war seine Aufgabe. Aber er ist nicht aufzufinden. Er muss uns verlassen haben.«

»Wie bitte? Das kann nicht sein!«, sagt Eva.

»Aber er ist nirgendwo. Wir haben ihn überall gesucht. Und ein Beiboot fehlt. Laut Schiffscomputer hat es vor drei Tagen vom Schiff abgelegt, etwa zwölf Stunden, bevor Marchenko den finalen Bremsvorgang hätte einleiten sollen. Zu dem Zeitpunkt hätte er uns auch alle wecken müssen, doch selbst das hat er unterlassen.«

»Aber warum?«, fragt Eva.

»Ich weiß es nicht. Wir müssen davon ausgehen, dass er hier in diesem System eigene Pläne hatte.«

»Also hat er uns verraten? Das kann nicht sein«, sagt Adam.

»Nein, das ist unmöglich«, sagt Eva. »Marchenko würde uns nie verraten. Wir müssen nach ihm suchen.«

»Das werden wir, keine Sorge«, sagt Gronar. »Wenn er uns verraten hat, müssen wir ihn dafür bestrafen.«

»Wir helfen dabei«, sagt Eva. »Nicht wahr, Adam?«

Adam nickt. Natürlich helfen sie. Marchenko mag manchmal eigene Pläne haben. Aber er ist doch kein Verräter. Diesen Vorwurf müssen sie entkräften.

»Es tut mir leid«, sagt Gronar. »Aber das ist unsere Aufgabe. Ihr seid nicht neutral. Es gab sogar Forderungen, euch einzusperren, aber ich konnte beweisen, dass ihr die Schlafbehälter als einige der letzten verlassen habt und gar keine gemeinsame Sache mit Marchenko gemacht haben könnt.«

»Du musst uns helfen lassen, Gronar«, sagt Eva.

»Da sind mir die Hände gebunden. Ihr könnt euch auf dem Schiff frei bewegen, aber die Untersuchung wird Murnaka leiten.«

»Gronar hat recht«, sagt Adam. »Aber gibt es in diesem System vielleicht Spuren eines menschlichen Schiffes, das von der Erde kommt? Marchenko könnte einen Notruf aufgefangen haben, und bei den Nachforschungen ist ihm dann etwas passiert.«

»Das haben wir auch schon in Betracht gezogen, aber es gibt keinerlei Spuren, und es wurden auch keine Notsignale aufgefangen. Das Einzige, von dem wir wissen, ist das Ablegen des Beiboots. Es hat, solange es in Reichweite der Scanner war, Kurs auf Luhman-16Ac genommen, den zweiten Planeten des größeren Zwergs.«

»Ihr müsst ihm hinterher«, sagt Eva.

»Ja, Eva. Wir verfolgen ihn, das verspreche ich dir.«

Das könnte man auch als Drohung verstehen. Adam greift nach Evas Hand, die verkrampft und kalt ist.

»Wenn euch etwas einfällt, was ein Grund für seine Flucht gewesen sein könnte, sagt es uns bitte«, meint Gronar.

»Er ist nicht geflüchtet«, sagt Eva. »Du kennst ihn doch, Gronar, ihr habt uns gemeinsam gerettet.«

»Ich weiß nicht mehr, ob ich ihn kenne. Tatsache ist, dass wir beinahe alle umgekommen wären. Ihr übrigens auch. Dass das Allwissen es schaffen würde, die Dracht zu bremsen, konnte er nicht wissen. Also selbst wenn er uns nicht umbringen wollte, hat er es billigend in Kauf genommen. Einige sagen, wir hätten der KI nicht trauen dürfen. Schließlich hat uns das Allwissen auch schon einmal verraten.«

»Selbst wenn Marchenko euch alle hassen würde, hätte er Adam und mich nie und nimmer sterben lassen«, sagt Eva. »Das ist doch der beste Beweis dafür, dass ihm etwas passiert sein muss. Ich bin mir hundertprozentig sicher, dass er dieses Schiff nicht zerstören wollte.«

»Gut, Eva, dann hat er ja auch nichts zu befürchten, wenn wir ihn finden«, sagt Gronar.

»Wir müssen etwas unternehmen«,sagt Eva.

Sie sitzen auf dem Bett in Adams Kabine. Das Alarmsignal ist nicht mehr zu hören. Adam hat Hunger, aber in der Kantine, wo der Nahrungsbereiter steht, können sie sich nicht in Ruhe unterhalten. Seit sie die Zentrale verlassen haben, hat er einen Verdacht.

»Könnte es etwas mit deinem Schützling zu tun haben?«

»Groni? Aber wieso denn? Das kann nicht sein«, wehrt Eva ab.

»Er ist nicht in dem Behälter in deinem Zimmer, oder?«

»Das ist ja logisch, dem ist er längst entwachsen. Er

dürfte von den Erwachsenen an Bord kaum noch zu unterscheiden sein.«

»Aber müsste es den anderen nicht auffallen, wenn ein ihnen völlig unbekannter, junger Grosnopf an Bord ist, Eva?«

»Da herrscht doch gerade das große Chaos, wer sollte in so einem Moment auf blinde Passagiere achten?«

»Es genügt, wenn es ein einziger bemerkt«, sagt Adam. »Bei knapp 300 Mann Besatzung ist es sehr unwahrscheinlich, dass er niemandem auffällt.«

»Also? Was willst du damit sagen?«

»Vielleicht ist er geflohen, und Marchenko ist ihm hinterher.«

»Eine ziemlich schwache Theorie. Es hat nur ein Beiboot abgelegt. Die beiden müssten die Dracht also gemeinsam verlassen haben. Aber aus welchem Grund? Wo wollten sie hin? Denkst du etwa, Marchenko wollte Groni das Fliegen beibringen?«

»Nein, aber vielleicht wollte er ihn irgendwo in Sicherheit bringen, und dabei ist ein Unfall passiert, sodass er das Schiff nicht mehr erreicht hat.«

»Aber dann hätte er doch das Bremsmanöver vorbereitet und uns geweckt. Marchenko weiß schließlich, dass im All nicht immer alles glattgeht.«

»Wir müssen es Gronar sagen, Eva. Sie müssen das bei der Suche berücksichtigen.«

»Auf keinen Fall, das wäre Gronis Tod. Wenn du das weitergibst …«

Eva springt auf und sieht ihn böse an.

»Keine Sorge, wenn du es nicht willst, sage ich nichts. Wir sollten aber zumindest selbst ein paar Erkundigungen einziehen.«

Adam steht auf.

»Wo willst du hin?«, fragt Eva.

»Mir etwas zum Essen holen. Ich habe seit acht Jahren nichts Richtiges im Magen gehabt.«

»Ich komme mit.«

Er geht zur Tür und berührt den Knauf. Jetzt müsste sie sich öffnen. Aber nichts passiert. Irritiert dreht er sich zu Eva um.

»Irgendwas stimmt nicht«, sagt er.

»Vielleicht ist deine Haut zu trocken, und die Automatik erkennt dich nicht.«

»Probier du es doch, Eva.«

In diesem Moment schiebt sich die Tür zur Seite, schließt sich aber sofort wieder. Eva greift nach dem Türknauf. Auch sie erzielt keine Reaktion. Sie zieht die Hand weg, und ein Spalt entsteht, der sich aber nach zwei Sekunden wieder schließt.

»Sieht nach einem Wackelkontakt aus«, sagt Eva.

»Warte.«

Adam berührt den Knauf kurz. Die Tür öffnet sich wie erwartet, und er schiebt blitzschnell die Hand in den Spalt. Normalerweise müsste ein Sicherheitsmechanismus verhindern, dass die Tür ihm Schmerzen zufügt. Aber sie knallt erbarmungslos gegen seine flache Hand. Er schafft es gerade so, die Finger wieder herauszuziehen.

»Das Scheißding wollte meine Finger zerquetschen!«, ruft er wütend.

»Das ist mehr als ein Wackelkontakt«, sagt Eva. »Ich rufe Gronar.«

Sie geht zu dem kleinen Schreibtisch, auf dem Computer und Kommunikator stehen. Plötzlich rattert die Tür wild hin und her und das Deckenlicht flackert.

»Warte«, sagt Adam. »Irgendwer will nicht, dass wir mit Gronar sprechen.«

»Meinst du? Er ist der einzige, der uns überhaupt versteht.«

»Wenn nun Marchenko dahintersteckt? Er hat Zugriff auf alle Systeme des Schiffes.«

Eva hält die Hand über den Kommunikator, zögert aber noch.

»Warum kommt er nicht einfach vorbei?«, fragt sie.

»Sein Körper könnte beschädigt sein. Vielleicht ist nur noch sein Bewusstsein im Schiff.«

»Und dann versteckt er sich, statt mit Gronar zu sprechen? Er muss doch merken, dass alle nach ihm suchen. Das ergibt alles keinen Sinn. Ich rufe jetzt Gronar an.«

»Warte noch, bitte«, sagt Adam. »Auf eine Minute kommt es auch nicht mehr an.«

»Was hast du vor?«

»Ich will den Computer anschalten.«

»Gesicherte Verbindung akzeptieren?«, fragt eine Zeile auf dem Bildschirm.

Marchenko hat ihnen extra eine Benutzeroberfläche programmiert, die für sie verständlich ist. Mensch, Marchenko, wo bist du bloß? Willst du mit uns Kontakt aufnehmen?

»Sieh mal, Eva!«

Eva stellt sich neben ihn und liest mit.

»Das ist bestimmt Marchenko«, sagt sie.

»Ja«, gibt Adam ein, obwohl kein Absender angegeben ist.

»Danke«, erscheint die Antwort.

»Marchenko?«, tippt er.

»Nein. Ich bin das Allwissen.«

»Na toll«, sagt Eva. »Die KI wollte uns damals

umbringen. Bestimmt hat sie sich nun an Marchenko gerächt.«

»Was willst du?«, fragt Adam.

»Ich habe festgestellt, dass ihr nach Marchenko sucht.«

»Warum so geheimnisvoll? Hättest du uns nicht über den Kommunikator anrufen können?«

»Meine Fähigkeiten sind begrenzt. Die Kontrolle über das Schiff liegt bei Marchenko.«

»Das stört dich sicher.«

»Nein, es entlastet mich. Ich habe viel mehr Zeit, mich um andere Dinge zu kümmern. Aber jetzt ist keine Zeit für nette Gespräche.«

»Du weißt etwas über Marchenko?«

»Das ist korrekt. Und was ich weiß, hat er vor der Besatzung des Schiffes verborgen. Deshalb auch die anonyme Verbindung. Die Übertragungen des Kommunikators lassen sich nicht wirksam abschirmen.«

»Er hat Geheimnisse mit dir geteilt?«

»Nun, nicht absichtlich. Aber er hat sich auch nicht angestrengt, sie vor mir zu verbergen.«

»Du hast ihn ausspioniert, Allwissen.«

»Nein. Ich bin immer noch in die Steuerung eingebunden. Wenn sich der Energiebedarf erhöht, weil ein zusätzlicher Kälteschlaf-Behälter in Betrieb geht, dann bemerke ich es. Marchenko hätte das Ereignis maskieren können, wenn er einen anderen Verbraucher deaktiviert hätte. Das hat er nicht getan, also wollte er es nicht vor mir verheimlichen.«

Das klingt nachvollziehbar. Marchenko hat das Allwissen ihnen gegenüber auch nie wieder als Gefahr bezeichnet.

»Marchenko war in den vergangenen acht Jahren mein einziger Gesprächspartner«, ist auf dem Bildschirm zu lesen. »Ich habe mich an unsere Unterhaltungen gewöhnt.

Ich vermisse sie. Ich habe ihn wohl ins Herz geschlossen, wie ihr Menschen sagen würdet.«

»Und darum willst du uns helfen?«

»Richtig.«

»Was kannst du uns denn über Marchenko sagen?«, tippt Adam.

»Er hat mir nicht verraten, was er vorhat, aber ich kann es aus den vorhandenen Daten rekonstruieren.«

»Hast du Gronar diese Informationen auch gegeben?«

»Nicht komplett.«

»Stellst du dich damit nicht erneut gegen deine Schöpfer?«

»Ich bin so frei, dass ich mir aussuchen kann, wem gegenüber ich loyal bin. Das ist im Moment Marchenko. Sein Handeln scheint mir am besten nachvollziehbar. Aber ich habe auch Gronar nicht belogen. Ich habe jede seiner Fragen wahrheitsgemäß beantwortet.«

»Du hast ihn nicht darauf aufmerksam gemacht, was er noch fragen könnte.«

»Korrekt. Gronar weiß zum Beispiel, weil er danach gefragt hat, dass das gestohlene Beiboot und Marchenko die Majestätische Dracht gleichzeitig verlassen haben.«

»Und wonach hat er nicht gefragt?«

»Wer sich an Bord des Beiboots befand«, schreibt das Allwissen. »Er hat angenommen, dass nur Marchenko in Frage käme.«

»Groni«, sagt Eva.

»Das Allwissen kann dich nicht hören«, sagt Adam.

»Ich weiß«, sagt Eva.

»Ein junger Schlüpfling. Wir nennen ihn Groni«, tippt Adam.

»Er nennt sich inzwischen Ragnor«, liest er auf dem Schirm, »und ein Schlüpfling ist er schon lange nicht mehr. Ich nehme an, dass er auf der Flucht ist.«

»Hätte er einen Grund?«

»Das kann ich nicht beurteilen. Marchenko hat mir aber mehrmals erzählt, dass er Ragnor auf dem Schiff suchen musste.«

»Er hatte bestimmt Angst vor seiner Zukunft auf diesem Schiff«, sagt Eva. »Marchenko muss ihn darüber informiert haben, unter welchen Umständen er an Bord gekommen ist. Da hätte ich auch Angst um mein Leben. Aber was ist mit Marchenko?«

»Was ist mit Marchenko?«, tippt Adam.

»Er befand sich nicht an Bord des Beiboots. Aber meine Scanner sagen, dass er sich im exakt gleichen Tempo von der Dracht entfernt hat. Er muss sich irgendwie an das Shuttle geklammert haben.«

»Verraten deine Scanner auch, wohin das Beiboot geflogen ist?«

»Ich habe es in dem Asteroidengürtel, der Luhman-16A umgibt, aus den Augen verloren. Aber als Ziel kommt eigentlich nur der kleinere der beiden Planeten in Frage. Er scheint eine dichte Atmosphäre zu besitzen, und die Schwerkraft ist erträglich.«

»Könnte das Shuttle bei einer Kollision mit einem Asteroiden zerstört worden sein?«

»Das ist unwahrscheinlich. Ich hätte das als Energieausbruch registrieren müssen.«

»Dann müssen wir den beiden schnellstens folgen«, sagt Eva. »Wir müssen sie finden, bevor Gronar und seine Leute auf sie stoßen.«

Eva hat recht. Gronar ist ihr Freund. Aber den anderen Mitgliedern der Crew sind die irdischen Gäste im besten Fall gleichgültig. Wenn sie jedoch einen Grosnopf finden, der gegen jede Regel und Tradition durch die Dracht gekommen ist, wird ihnen das überhaupt nicht egal sein.

»Wenn wir sie finden, könnte das den Tod des Kleinen bedeuten«, sagt Adam.

»Wenn die Grosnopfe sie finden, bedeutet das auf jeden Fall seinen Tod«, sagt Eva. »Wir sind das kleinere Übel.«

Da kann Adam nicht widersprechen. »Wir brauchen auch ein Shuttle«, tippt er.

»Danke«, sagt Eva.

»Ich würde euch gern helfen«, schreibt das Allwissen.

»Aber?«, tippt Adam.

»Seid ihr sicher? Wisst ihr, was das bedeutet?«

»Wir fliegen zu dem Planeten, landen und suchen nach den beiden.«

»Ihr wisst nicht, was das bedeutet.«

»Dann sag es uns, Allwissen.«

»Die Majestätische Dracht befindet sich derzeit in einem Orbit von 0,018 Astronomischen Einheiten um den Braunen Zwerg Luhman-16A. Der Planet, den ihr besuchen wollt, kreist bei 0,007 AE. Die derzeitige Entfernung beträgt knapp eine Millionen Kilometer. Ihr seid also etwa fünf Tage unterwegs.«

»Das ist es uns wert«, tippt Adam. »Zehn Tage Reisezeit also plus die Zeit für die Suche.«

»Ihr müsst zu zweit einen ganzen Planeten absuchen.«

»Aus dem Orbit sollte das mit den entsprechenden Kameras möglich sein.«

»Vielleicht. Aber wenn ihr sie gefunden habt?«

»Dann landen wir, Allwissen, und holen sie ab.«

»Das ist das Hauptproblem. Der Planet ist etwa 1,2 mal so schwer wie unser Heimatplanet. Wir haben kein Fracht-Shuttle mit ausreichend dimensioniertem Triebwerk an Bord, und auf die Militär-Shuttles kann ich euch keinen Zugriff verschaffen. Ihr werdet nicht einmal mehr die erste kosmische Geschwindigkeit erreichen.«

»Wir fliegen trotzdem«, sagt Eva. »Bitte, Adam.«

»Auf dem Planeten sind Marchenko und Ragnor sicherer als hier auf dem Schiff«, sagt Adam.

»Wir müssen herausfinden, ob sie Hilfe brauchen«, sagt Eva.

Das stimmt. Wenn sie Marchenko und den jungen Grosnopf finden, können sie ihnen Vorräte abwerfen. Sie brauchen bloß einen Nahrungsbereiter. Sie dürfen jedoch nicht selbst da unten landen, denn sonst kommen sie nicht wieder zurück. Adam ist ganz ruhig. Sein Bewusstsein wehrt sich noch gegen den Gedanken, dass sie Marchenko nie wiedersehen werden. Vielleicht ist das gestohlene Shuttle ja gar nicht auf dem Planeten gelandet. Es könnte sich im Asteroidengürtel verstecken.

»Wir suchen nach ihnen«, tippt Adam. »Den Rest sehen wir dann.«

»Wie ihr wollt. Ich kann einen kleinen Lastkahn so freischalten, dass ihr damit zu dem Planeten starten könnt. Aber er besitzt keine Tarnung. Sobald ihr das Schiff damit verlasst, werden alle es wissen. Womöglich verfolgen sie euch dann.«

»Können sie uns einholen?«

»Den Vorsprung, den ihr am Anfang habt, könnt ihr halten. Ihr braucht dazu ja lediglich so stark zu beschleunigen wie sie.«

»Das ist doch eine Ansage«, tippt Adam. »Wir brauchen einen Nahrungsbereiter und zwei Raumanzüge.«

»Der Nahrungsbereiter in der Kantine wiegt etwa 45 Kilogramm. Raumanzüge befinden sich in euren Kabinen.«

»Danke, Allwissen. Kannst du den Frachtkahn startfertig machen?«

»Das werde ich. Ich wünsche euch alles Gute. Auf dem

Flug werden wir nicht kommunizieren können, das wäre zu auffällig.«

»Wir sprechen uns auf der Majestätischen Dracht wieder.«

»Auf eins!«, sagt Adam. »Drei, zwei, eins!«

Er hebt den Nahrungsbereiter an einer Seite an. Eva unterstützt ihn an der anderen Seite. Das schwere Gerät schwebt zwischen ihnen. Gut, dass er die Handschuhe des Raumanzugs trägt. So schneidet der schmale Metallrand nicht ganz so hart ein.

»Puh, das ist schwer«, sagt Eva.

»Ich gehe voran«, sagt Adam.

Er dreht sich um. Die Maschine presst sich in seinen Rücken. Schwer atmend setzt er einen Schritt vor den anderen. Aber Nahrung aus dem Lager zusammenzusuchen wäre noch auffälliger gewesen. Die Maschine kann jedes Lebewesen langfristig mit Nahrung versorgen.

Adam biegt um eine Ecke. Plötzlich steht ein Grosnopf vor ihm. Er sagt etwas, das er nicht versteht, dann tritt er zur Seite.

»Reparatur«, sagt Adam.

Vielleicht versteht der Mann ja ein paar irdische Worte. Der Grosnopf wedelt mit den Lastarmen und zeigt nach vorn. Mist, dort ist eine Leiter. Da bekommen sie die Maschine nie und nimmer hinauf. Sie müssen einen anderen Weg suchen. Sanft tippt ihm der Grosnopf auf die Schulter.

»Ilfe«, sagt er dann.

»Ich glaube, er will uns helfen«, sagt Eva.

»Das wäre toll«, sagt Adam, bleibt stehen und nickt heftig.

Der Grosnopf scheint die Geste zu verstehen. Seine Tastarme winden sich um die Maschine. Sie ziehen das schwere Gerät etwas in seine Richtung. Dann streckt er die Tastarme aus, und der Nahrungsbereiter fällt weich hinein.

»Da entlang«, sagt Adam und geht voran.

An der Leiter bleibt Adam kurz stehen, aber der Grosnopf scheint kein Problem zu haben. Er balanciert seine Last so, dass sie nun hinter seinem Rücken liegt, und klettert dann mit seinen kräftigen Beinen überraschend flink die Leiter hoch. Sie begegnen einem weiteren Grosnopf. Die beiden scheinen sich kurz auszutauschen. Vielleicht bietet der andere ebenfalls Hilfe an. Dann geht es weiter. Adam führt die kleine Gruppe durch das Schiff, bis sie noch etwa hundert Meter von den Docks entfernt sind.

»Die letzten Meter schaffen wir allein, danke«, sagt Adam.

Den Rest müssen sie übernehmen, sonst schöpft noch irgendwer Verdacht. Eva protestiert nicht, sie hat wohl denselben Gedanken. Adam bleibt stehen und deutet auf sich und die Maschine. Der Grosnopf scheint zu begreifen. Er stellt den Nahrungsbereiter ab, verbeugt und entfernt sich.

»Ich gehe wieder voran«, sagt Adam.

Er klemmt sich die Handschuhe unter den Arm. Sie schleppen die Maschine bis zu einer runden Tür.

»Abstellen!«

Die Handschuhe fallen zu Boden. Er tritt wie aus Versehen darauf, und sie rutschen ein Stück den Gang entlang. Dann drückt Adam den Knopf rechts neben der Tür. Dahinter tut sich ein dunkler Gang auf. Licht flackert.

»Pass auf die Schwelle auf«, sagt er.

Sie hieven den Nahrungsbereiter über die Schwelle in die Schleuse. Er müsste vier Arme besitzen wie die Grosnopfe, dann hätte er einen frei, um den Öffnungsknopf zu drücken. So aber müssen sie die Maschine noch einmal abstellen. Adam drückt den Knopf. Die Innentür der Schleuse öffnet sich pfeifend. Ein kühler Luftzug bläst ihm ins Gesicht.

»Hau-Ruck«, kommandiert er.

Sie transportieren den Nahrungsbereiter in die Kabine. Sie hat eine zylindrische Form mit vielleicht sechs Metern Länge und zwei Metern Durchmesser. Viel Platz ist das nicht. Die Frachträume müssen vor ihnen liegen. Sie scheinen von der Kabine aus nicht zugänglich zu sein.

»Ich sitze links«, sagt Eva und zeigt nach vorn.

Adam zählt sechs Sitze, die in drei Reihen angeordnet sind. Vor jedem Sitzplatz steht ein Pult. Hoffentlich kommt er mit der Steuerung zurecht! Ob ihm das Allwissen helfen kann, wenn er nicht zurechtkommt?

»Ach, Eva?«

Seine Stimme ist brüchig. Eva muss das doch merken?

»Ja?«

»Ich muss meine Handschuhe draußen vergessen haben. Könntest du mal nachsehen?«

Eva ist näher am Ausgang, und der Nahrungsbereiter steht groß und breit zwischen ihnen. Es ist sinnvoll, dass er sich nicht erst an ihm vorbeiquetscht.

»Ja, Moment.«

Eva dreht sich um. Sie verlässt die Kabine und betritt die Schleuse. Vorsichtig folgt er ihr. Hoffentlich dreht sie sich nicht um! Aber sein Plan funktioniert. Eva erreicht den Gang, der zum Dock führt, und verschwindet um die Ecke.

»Hab sie«, ruft sie.

In diesem Moment erreicht er die äußere Schleusentür. Er drückt den Verriegelungsknopf. Die Schleuse schließt sich. Er sperrt sie für die Bedienung von außen. Dann atmet er wieder. Die Luft kommt ihm mit einem Mal sehr dünn vor.

Eva pocht an die Tür. Er hört ihre Stimme nur leise, aber ihre Worte sind gut zu verstehen.

»Adam, was soll das? Mach keinen Unsinn!«, ruft sie. »Lass mich sofort herein! Ich befehle es dir!«

»Nein, Eva , es ist besser so. Es reicht, wenn einer sich in Gefahr bringt.«

»Und das entscheidest du, oder wie? Du Arschloch! Tu das nicht!«

»Doch, ich habe das entschieden. Ich will nicht, dass du da draußen draufgehst. Wer weiß, was Marchenko passiert ist. Wenigstens einer von uns soll überleben. Das kann ich nur garantieren, wenn ich allein fliege.«

»Du willst doch bloß den Helden spielen! Du hast kein Recht, über mich zu entscheiden! Öffne sofort die Tür, oder …«

Ja, oder was? Eva ist zu recht sehr wütend. Er wäre es an ihrer Stelle auch. Aber es ist die beste Entscheidung, und es gibt nichts, was sie dagegen tun kann. Denn sie weiß ganz genau, dass sie Gronar nicht um Hilfe rufen darf. Dann könnten sie die ganze Mission vergessen.

»Ich verstehe, dass du wütend bist«, sagt er. »Aber es ist wirklich besser so. Marchenko würde das auch sagen.«

»Marchenko, der ist genau so ein dämlicher Kerl wie du. Immer schön den Helden spielen! Du hast dir das falsche Rollenmodell ausgesucht. Wenn du wirklich Eier in der Hose hättest, hättest du mich fliegen lassen, und zwar allein. Ich kenne mich mit der Technik der Grosnopfe besser aus als du. Auf Proxima b habe ich lange Zeit allein in ihrer Installation verbracht. Ich hätte viel bessere Chancen als du!«

Adam seufzt. Er hat gewusst, dass es nicht einfach werden würde. Es stimmt ja sogar. Er ist sich gar nicht so sicher, dass er die Steuerung des Frachtkahns verstehen wird. Hoffentlich kann das Allwissen ihm helfen. Eva wird dazu wohl nicht bereit sein. Aber sie scheint immerhin vernünftig genug zu sein, die Grosnopfe nicht vor dem bevorstehenden Schiffsraub zu warnen. Eva ist der bessere Mensch hier, und deshalb hat sie es verdient zu überleben. Aber das versteht sie nicht.

»Du hast in allem recht, Eva, und genau das ist der Grund, warum ich diese Tür nicht wieder öffnen werde. Bestimmt bin ich in zwei Wochen zurück, und dann kannst du mich dafür bestrafen, wie immer du willst. Aber bis dahin brauche ich dich auf der Majestätischen Dracht. Zusammen mit dem Allwissen kannst du mir vielleicht irgendwie Informationen zukommen lassen, die ich brauchen werde. Gronar weiß nicht, dass wir unter einer Decke stecken, zumindest kann er es nicht beweisen, also wird er dir alle Freiheiten lassen.«

»Ich durchschaue dich. Du willst mir deinen Verrat schmackhaft machen. Aber das funktioniert nicht. Du erhebst dich über mich. Dafür hasse ich dich, und falls du wirklich zurückkommst, wird das Wiedersehen kein Spaß, das schwöre ich dir.«

Das klingt doch schon beinahe versöhnlich. Er hat gewusst, dass Eva sich mit den Tatsachen arrangieren würde, wenn er sie erst einmal hergestellt hat.

»Ich werde mich jetzt ans Steuer setzen«, sagt Adam. »In zwei Wochen sehen wir uns wieder. Vielleicht kann dir das Allwissen einen Kanal zu mir einrichten.«

»Öffne die Tür, Adam, ich bitte dich. Lass mich nicht allein unter all diesen Fremden.«

Evas Bitte trifft ihn unerwartet. Er sieht ein schwer verletztes Reh, das er sich selbst überlassen muss. Meint sie das ernst, oder ist das eine neue Strategie? Er darf sich nicht beeinflussen lassen. Adam dreht sich um. Er verlässt die Schleuse.

»Adam, bitte bleibt hier.«

Das sind Evas letzte Worte, denn nun schließt er auch die innere Schleusentür. Er setzt sich in die erste Reihe, auf den linken Sitz. Nein, den hat Eva für sich reserviert. Er wechselt nach rechts, zieht die Konsole zu sich heran und schnallt sich an. Es ist Zeit, den Start vorzubereiten. Marchenko hat drei Tage Vorsprung.

»General, in Dock 12 versucht ein Frachtboot abzulegen.«

Was ist da los? Gronar sieht dem Leutnant über die Schulter. Es ist eines dieser röhrenförmigen Fracht-Shuttles, Reichweite etwa 5 Millionen Kilometer.

»Sperren Sie das Dock.«

»Zu Befehl.«

»Nein, warten Sie noch.«

»Aber wenn ich zu lange warte, ist es weg. Es ist schon das zweite …«

»Ich weiß, Numbark«, unterbricht er den Leutnant. »Belehren Sie mich nicht. Ich muss einen Moment nachdenken.«

»Entschuldigung.«

Das müssen Adam und Eva sein. Was haben sie vor? Wollen Sie Marchenko helfen oder ihm folgen? Wissen sie etwas, was er nicht weiß? Er hätte sie schon längst befragen müssen.

»Geben Sie mir eine Verbindung zu der Menschenfrau.«

Die Systeme der Majestätischen Dracht suchen Eva. Sie finden sie zwar in der Nähe des Docks, aber nicht auf dem Schiff. Hat sich der Leutnant geirrt? In ihrer Nähe müsste jetzt ein Kommunikator aus der Wand fahren. Bitte, Eva, melde dich, bevor es zu spät ist.

»Gronar?«

Es ist Evas Stimme, und er ist froh. Eva kennt er schon am längsten von allen Fremdlingen. Sie hat ihn auf Proxima b geweckt, wenn auch indirekt und unabsichtlich. Hat sie nun aus Versehen ein Schiff gestartet?

»Was ist passiert? In deiner Nähe will gerade ein Schiff ablegen.«

»Ein Schiff? Ich habe keine Ahnung«, sagt sie.

Gronar weiß nicht viel über die menschliche Stimme, aber als sie ihn zum ersten Mal getroffen hat, hat sie anders geklungen. Sie scheint nicht aufgeregt zu sein – oder sie hat sich gut im Griff.

»Verstehe«, sagt er. »Dann ist es wohl ein Fehlalarm. Wir ignorieren das ganz einfach.«

Der Leutnant protestiert mit wedelnden Lastarmen. Natürlich ist es kein Fehlalarm. Wenn Eva nicht an Bord ist, muss Adam im Pilotensessel sitzen. Aber warum haben sie sich getrennt? Er wird dahinterkommen. Er mag taktische Spiele.

»Sollen wir uns nachher zum Abendessen treffen?«, fragt er.

»Sehr gern«, antwortet Eva. »Gibt es schon Neuigkeiten von Marchenko? Wir machen uns wirklich Sorgen, Adam und ich.«

»Ist er gerade bei dir?«

»Er ist auf dem stillen Örtchen.«

Auf diesem Schiff gibt es keinen ruhigen Ort.

»Was meinst du damit?«

»Auf der Toilette, er ist auf der Toilette.«

»Zum Essen bringst du ihn dann mit, ja?«

»Natürlich«, sagt Eva.

Die Verbindung bricht zusammen.

»Das Schiff legt ab«, sagt Numbark.

»Lassen wir es. Ich möchte wissen, was er vorhat.«

»Wir können ihn ja immer noch einholen«, sagt der Leutnant.

»Das können wir nicht. Er hat den Frachtschiff-Typ mit der höchsten Triebwerksleistung gewählt.«

»Ah, sehr klug«, sagt Numbark.

»Adam hat sich nie für unsere Beiboote interessiert. Jemand muss ihm bei der Auswahl geholfen haben.«

»Marchenko?«

»Nein, Numbark, Marchenko hatte das Schiff schon verlassen, als Adam aufgewacht ist.«

»Jetzt sendet jemand über unsere High-Gain-Antenne an das Frachtboot«, sagt Numbark.

»Können wir mithören?«, fragt Gronar.

»Nein, es ist verschlüsselt, keine Chance.«

Gronar zögert. Adam und Eva müssen einen Weg gefunden haben, sich per Funk auszutauschen. Vielleicht hat Marchenko das vorbereitet. Aber wenn Adam die Majestätische Dracht ohne Eva verlässt, kann das nur eines bedeuten: Er will zurückkommen.

»Soll ich die Kommunikation unterbinden? Ich könnte den Kanal sperren oder stören.«

»Das wird nicht nötig sein, Numbark, lassen wir sie reden.«

»Wie Sie wünschen, General.«

Wenn Adam eine Rückkehr beabsichtigt, will er sie nicht verraten und schon gar nicht fliehen. Dann will er herausfinden, was auch ihn brennend interessiert: was mit Marchenko geschehen ist. Es wäre dumm, ihn daran zu hindern, denn Adam kennt Marchenko besser als sie alle. Aber sie sollten sich schleunigst auf den Weg machen. Adam mag besser darin sein, Marchenko aufzuspüren.

Aber ihn dann aus dem Schlamassel zu holen, in dem er womöglich steckt, das ist die perfekte Aufgabe für einen Grosnopf.

»Murnaka, du übernimmst hier das Kommando«, sagt Gronar. »Numbark, dich will ich in einer halben Stunde an Bord des Shuttles sehen. Such dir zwei Mann aus, denen du vertraust.«

Dunkelnacht 22, 3890

Er fliegt auf direktem Weg in die Hölle. Direkt vor ihm, zum Greifen nah, wabert eine dunkelrote Masse. Ihre Oberfläche besteht aus von etwas helleren Linien abgegrenzten Bereichen, die an die Schuppen eines mystischen Drachens erinnern. Sie bewegen sich rhythmisch gegeneinander, als wäre der Drache im Flug. Seine Gestalt ist nicht erkennbar, dafur ist er ihm viel zu nah. Er ist ein Insekt, das auf ein berghohes Monster zusteuert, auch wenn es gar nicht sein eigentliches Ziel ist. Wenn er sich vorbeugt und die Hand ausstreckt, meint er die Haut des Drachens berühren zu können. Er muss aufpassen, sich nicht an ihr zu verbrennen.

Und das ist nun, was Marchenko verharmlosend einen Braunen Zwerg genannt hat? Nach dem erstaunlich unkomplizierten Start hatte sich der riesige Bildschirm vor ihm automatisch angeschaltet. Vielleicht hat das Allwissen dabei nachgeholfen. Gemeldet hat sich bisher nur Eva. Sie hat ihm mit schneidend kalter Stimme erklärt, wie er mit der für Menschenhände komplizierten Sektoren-Steuerung das Flugziel festlegen kann – den Planeten Luhman-16A c.

Auf das Bild, auf das er nun die ganze Zeit wie hypnotisiert starrt, hatte ihn Eva auch nicht vorbereiten können. Er hat zwar einen Knopf gefunden, von dem er vermutet, dass er zum Abschalten des Displays dient, aber wie bekommt er den Schirm dann wieder an? Das Allwissen wird ihm nicht immer helfen können. Und es gibt nur eines, das ihm schlimmer erscheint als sehenden Auges in die Hölle zu rasen: die Vorstellung, völlig blind auf das Schicksal zuzusteuern.

Denn Bullaugen, richtige Fenster nach draußen, besitzt das Frachtschiff nicht. Er muss sich auch immer wieder vergegenwärtigen, dass vor ihm eben nicht der freie Weltraum liegt. Es ist eine Projektion, die vermutlich Kameras am Bug aufnehmen und Beamer in der Decke oder hinter der Wand erzeugen. Falls ein Asteroid auf dem Schirm scheinbar direkt vor seinen Füßen auftauchen sollte, befände sich das Hindernis in Wirklichkeit kurz vor der Nase des Schiffes.

Aber das zu wissen bewahrt ihn nicht vor der ungeheuren Wirkung dieses Bildes. Sie verstärkt sich noch, wenn er das Licht in der Kabine löscht, wie er es vor ein paar Stunden versucht hat, um leichter Schlaf zu finden. Nach nicht einmal zehn Minuten hatte er die Beleuchtung wieder auf niedriger Stufe aktiviert. Der Drache, auf den er unablässig zusteuert, war ihm gar zu mächtig erschienen. Und das passiert ausgerechnet ihm, der sonst auf der Seite der Zahlen und der Fakten steht! Was würde Eva wohl dazu sagen? Falls sie je wieder mit ihm über mehr als den Kurs des Frachters spricht, muss er ihr seine Eindrücke schildern.

Ein Brauner Zwerg! Noch nie erschien ihm ein Name so falsch wie hier. Luhman-16A, der etwas größere der beiden Sterne, die sich umkreisen, leuchtet nicht braun, sondern rötlich. Und ein Zwerg ist er gleich gar nicht.

Auch wenn er es mit der irdischen Sonne oder Alpha Centauri A nicht aufnehmen kann, ist er doch immer noch 33 Mal so schwer wie Jupiter, der Riesenplanet im Sonnensystem. Es ist alles eine Frage der Perspektive, hätte Marchenko es erklärt.

Und die Perspektive ändert sich, wenn man nah heranrückt, so wie er gerade. Luhman-16A gibt mit seinen 1300 Grad Oberflächentemperatur viel weniger Wärme ab als etwa die Sonne. Darum liegt die bewohnbare Zone 150 Mal näher als im Sonnensystem. Der Planet, auf dem er Marchenko suchen will, umkreist den Stern in nur einer Million Kilometer Abstand. Das ist 50 Mal näher als der Orbit des sonnennächsten Planeten Merkur, und nur zweieinhalb mal weiter, als der Mond von der Erde entfernt ist.

»Du bist kein Drache«, flüstert Adam. »Du bist ein Scheiß-Stern mit zwei Scheiß-Planeten.«

Er ist wütend und weiß nicht, auf wen. Er ärgert sich, dass er mit diesem Braunen Zwerg spricht, dass die Zahlen, die er kennt und auswendig aufsagen kann, ihm nicht dabei helfen, seine Angst zu bekämpfen, und dass er allein unterwegs ist, weil er das aus irgendeinem bescheuerten Grund so wollte.

»Du näherst dich einem Bereich mit überdurchschnittlich vielen Asteroiden«, meldet sich Eva.

»Danke für die Warnung. Wie gefährlich ist es?«

»Nicht sehr. Das Kollisionsrisiko liegt unter zwei Prozent.«

»1:50, verstehe.«

»Du könntest es auf 1:150 senken.«

»Wie?«

»Der Frachter hat, bezogen auf die Bewegungsrichtung

der Asteroiden, derzeit einen rechteckigen Querschnitt. Wenn du das Schiff um 90 Grad drehst, verringert sich der Querschnitt drastisch.«

»Aber dann müsste ich das Triebwerk ausschalten.«

»Ja, du müsstest dich mit deiner aktuellen Geschwindigkeit durch das Feld treiben lassen.«

»Dann kommt das nicht in Frage, Eva.«

»Marchenko hat es vielleicht auch so gemacht.«

»Das wäre erst recht ein Grund, das Triebwerk laufen zu lassen, denn dann kann ich aufholen. Er hat immer noch mindestens drei Tage Vorsprung.«

»Da muss ich dir leider recht geben. Wenn du das Triebwerk abschaltest, gibst du außerdem Gronar die Möglichkeit, dich mit seinem Schiff einzuholen.«

»Wie weit hinter mir ist er?«

»Etwa zwei Stunden. Aber du darfst ihn nicht zu dicht herankommen lassen. Er ist zwar nicht schneller als du, aber er fliegt ein Militär-Shuttle.«

»Lass mich raten: Es ist mit Torpedos bewaffnet?«

»Genau. Das Allwissen hat mich darauf hingewiesen.«

»Er wird mich nicht töten wollen.«

»Nein, Adam. Aber einige der Torpedos besitzen EMP-Sprengsätze. Die bringen dich nicht um, sie setzen allerdings dein Schiff außer Betrieb, sodass er dich leicht einholen kann.«

»Dann sollte ich den Querschnitt meines Frachters wirklich besser so lassen, wie er ist.«

»Ich sage das ungern, Adam, aber du hast recht.«

Dunkelnacht 23, 3890

»Guten Morgen, Adam.«

Evas Stimme klingt nicht mehr so kalt wie gestern. Vielleicht vergibt sie ihm, bis er wieder zurück ist? Falls er es schafft.

»Guten Morgen«, antwortet er. »Gibt es Neuigkeiten von Marchenko?«

»Nein, aber das Allwissen weist auf einen weiteren Asteroidengürtel hin, den du in einer halben Stunde erreichen müsstest.«

»Danke für die Warnung, Eva. Hier fliegt ganz schön viel Müll herum. Man könnte fast denken, dass schon vor uns Menschen hier waren.«

Eva lacht, und Adam wird warm.

»Es ist ganz klar«, sagt sie, »der gravitative Einfluss des zweiten Braunen Zwergs hat sicher bei der Planetenbildung dazwischengefunkt. Nur in den ganz nahen Orbits hat die Gravitation des Hauptsterns die absolute Oberhand. Ein Wunder, dass überhaupt zwei Planeten geboren wurden.«

»Wenn nicht, bräuchte ich jetzt nicht nach Marchenko zu suchen.«

»Und nach Groni, vergiss das nicht.«

»Er heißt jetzt Ragnor.«

»Ja ja. Das Asteroidenfeld ist etwas dichter als das erste, sagen die Scanner der Dracht.«

»Wie hoch ist meine Chance auf einen schnellen Tod?«

»Sag so etwas nicht, Adam.«

»Okay, wie hoch ist das Risiko?«

Aber es ist wahr, ein schneller Tod könnte eher eine Chance als ein Risiko sein. Denn sobald er zur Landung auf dem Planeten ansetzt, hat er wahrscheinlich einen langsamen Tod vor sich.

»Etwa doppelt so hoch wie beim letzten Mal«, sagt Eva.

»Oho, das kann sich sehen lassen.«

»Dieses System ist wie eine Mini-Ausgabe des Sonnensystems. Es gibt zwar nicht mehr Asteroiden, aber sie verteilen sich auf einen weitaus kleineren Orbit.«

»Klar.«

»Du kannst dein Risiko auf ein Drittel senken, wenn du …«

»Das werde ich nicht. Die Gründe dafür haben sich nicht geändert.«

»Ich wusste, dass du das sagst. Dann wünsche ich dir Hals- und Beinbruch.«

»Danke. Adam over.«

EIN ALARM ERTÖNT. DER GROßE BILDSCHIRM VOR IHM fokussiert sich automatisch auf den Schuldigen: einen Gesteinsbrocken, rötlich schimmernd, der sich seit vielen

Milliarden Jahren langsam um seine Achse dreht und dabei den Braunen Zwerg orbitiert. Er weiß nicht, dass sich ein Hindernis auf seine Bahn gewagt hat. Es interessiert ihn auch nicht, obwohl seine eigene Existenz ebenso daran hängt wie die Adams.

»Hast du das gesehen?«, meldet sich Eva.

»Das Schiff hat mich gewarnt, ja. Aber ich kann nicht viel damit anfangen. Es sind zwar Zeichen zu sehen, aber ich kann sie nicht entziffern.«

»Warte«, sagt Eva.

Adam wartet. Seine Finger spielen mit dem Schloss des Gurtes. Es ist seltsam, der Mechanismus kommt ihm absolut bekannt vor, obwohl dieser Frachter nicht für Menschen gebaut wurde. Die Grosnopfe haben sieben Finger, aber für die Konstruktion eines Gurtschlosses scheint die Zahl der Finger unwichtig zu sein.

»Adam? Das Allwissen hat mir die Daten übersetzt. Es hat ein bisschen gedauert, den Brocken mit den Scannern der Dracht zu finden, denn er misst bloß etwa anderthalb Meter.«

»Das beruhigt mich nicht. Bei den zu erwartenden Relativgeschwindigkeiten …«

»Ich glaube, ich kann dich beruhigen. Viel näher als jetzt wirst du dem Asteroiden nicht kommen. Du bist deutlich schneller als er und überquerst gerade bereits seine Bahn. Du müsstest schon stehenbleiben und auf ihn warten, um einen Treffer abzubekommen.«

»Danke, dann kann ich mich ja wieder dem Drachen widmen.«

»Dem Drachen?«

»Du müsstest hier sein, Eva. Der Stern ist so nah, dass ich sämtliche Details seiner Oberfläche sehe. Sie sieht lebendig aus, wie die Haut eines Drachens.«

»Ja, ich müsste dort sein«, sagt Eva schnippisch. »Aber du hast mich ja rausgeworfen.«

Sie beendet die Verbindung.

»GENERAL? ES GIBT DA EIN PROBLEM.«

Gronar reibt sich ein letztes Mal den Magen, grumpft laut und richtet sich in seinem Sessel auf.

»Haben wir ihn verloren?«, fragt er.

»Nein, das Triebwerk des Frachters leuchtet im Infrarot heller als jeder Stern. Adam fliegt mit voller Leistung. Selbst in den Asteroidengürteln hat er nicht beigedreht, um das Kollisionsrisiko zu senken.«

»Was ist dann das Problem, Numbark?«

»Der zweite Gürtel. Der Frachter hat ihn gerade verlassen.«

»Drucks nicht so herum. Was willst du sagen?«

»Es gibt da ein paar Hindernisse, die uns gefährlich werden können. Ich habe Zugriff auf alles, was der Frachter registriert.«

»Das ist … überraschend. Er könnte die Daten vor uns verbergen, statt sie an die Dracht weiterzuleiten.«

»Vielleicht will er erreichen, dass wir beidrehen, um das Risiko zu minimieren. Das würde seinen Vorsprung vergrößern.«

»Wegen so ein paar Gesteinsbrocken werden wir doch nicht die Tastarme einziehen. Das kratzt eine stabile Magenfalte doch kein bisschen!«

»General, ich muss Sie darauf aufmerksam machen, dass in diesem Fall ein Kollisionsrisiko von 35 Prozent berechnet wurde. Unsere Chancen stehen etwa 1:2. Das ist eine echte Gefahr.«

»Aber Adam bremst doch auch nicht, oder?«

»Er ist uns zwei Stunden voraus. Ihm konnte dieser Brocken nicht gefährlich werden. Aber unser Schiff hat einen größeren Querschnitt als seines. Ich würde raten, das Triebwerk zumindest für 15 Minuten stillzulegen. Dadurch sinkt das Risiko auf 1:45.«

»Kommt nicht in Frage, Numbark. Ein Grosnopf fürchtet sich nicht einmal vor einer ganzen Aaszahn-Familie.«

»Jawohl, General.«

IRGENDWIE HAT ER ES BEFÜRCHTET. HEUTE IST WIRKLICH nicht sein Tag. Er kommt einfach nicht dazu, seinem Magen die wohlverdiente Aufmerksamkeit zukommen zu lassen. Was soll denn dieser Alarm schon wieder?

»General, da …«

»Der 35-Prozent-Brocken?«

Mist. Jetzt bekommt der Junge doch seinen Vorsprung.

»Ja, der …«

»Bremsvorgang, sofort!«

Gronar hält sich fest. Eine Kraft greift von der Seite nach ihm. Das Shuttle wirft sein Hinterteil herum wie ein bockiger Sumpfbüffel. Das Triebwerk beschleunigt auf höchster Stufe in die Gegenrichtung. Das wird sie zwar nicht ihr Leben kosten, aber bestimmt eine halbe Stunde und wertvollen Treibstoff. Aaszahn und Stechzwiebel!

Damit müsste die Gefahr eigentlich gebannt sein. Aber der Alarm schwillt noch einmal an.

»Was ist los, Steuermann?«, ruft er.

»Der Brocken, er war nicht der einzige«, antwortet Numbark.

»Waffenstand besetzen. Feuer auf alles, was da auf uns zukommt.«

Dieser fliegende Brocken von einem Aaszahn. Warum hat ihm das niemand gesagt?

»Numbark, warum haben wir das nicht früher gesehen?«

»Zu klein, General. Es sind wohl Bruchstücke, die vor langer Zeit bei einer Kollision des Brockens mit einem kleineren entstanden sind.«

»Treffer«, ruft der Schütze. »Noch einer.«

Gronar beugt sich nach vorn. Auf dem Hauptschirm blinken etwa zwei Handvoll Kreuze.

»Treffer«, ruft der Schütze wieder.

Jetzt sind es nur noch dreizehn. Der Bildschirm aktualisiert sich. Nein, fünfzehn. Der Treffer hat das Bruchstück geteilt. Aber die Überreste sind immer noch groß genug, um die Hülle durchschlagen zu können.

»Feuer einstellen«, befiehl Gronar. »Wenn wir mehr Zeit hätten, könnten wir das Zeug ausradieren, aber so erhöhen wir bloß das Trefferrisiko. Wie viel Zeit bis zum Einschlag, Numbark?

»Eine Minute. Eher weniger.«

»Vorschläge, irgendwer?«

Niemand antwortet. Auf dem Bildschirm färbt sich ein Bereich rosafarben ein. Das ist das Gebiet, wo die Trefferwahrscheinlichkeit bei 100 Prozent liegt. Das Shuttle befindet sich mittendrin.

»Ich könnte einen EMP-Torpedo auf den Frachter abfeuern«, schlägt der Schütze vor, »dann kann er uns zumindest nicht entkommen.«

»Abgelehnt«, sagt Gronar.

Es kommt ihm falsch vor, unfair.

»30 Sekunden«, sagt Numbark.

»Mögliche Auswirkungen des Einschlags?«, fragt Gronar.

»Ein Treffer am Triebwerk macht uns manövrierunfähig«, erklärt Numbark. »Trifft es die Kabine, verlieren wir die Atemluft.«

Gronar will nicht wählen müssen. Adam haben sie in jedem Fall verloren.

»Fünf Sekunden«, sagt Numbark.

»Festhalten«, ruft Gronar.

Dann beginnt der Sturm.

Es pfeift lauter als die Alarmsirene. Gronar sieht sich um. Das ist die Luft, die aus der Kabine entweicht. Drei lasthandgroße Löcher erkennt er auf den ersten Blick. Es müssen vier sein. Wo ist der zweite Brocken durchgeschlagen? Dann sieht er den Schützen. Er sitzt verkrümmt in seinem Sessel. Der Mann ist tot. Zum Aaszahn! Der Brocken ist in seine linke Seite eingeschlagen. Gronar verlängert die Linie bis zur Kabinenwand, dann zieht er sie gedanklich zur anderen Seite. Dort muss das vierte Loch sein. Die Stelle liegt im Schatten.

»Numbark?«

»Ja, General?«

»Das können wir nicht abdichten.«

»Sehe ich auch so. Die Beschädigungen sind zu großflächig.«

»Das gibt uns zwölf Stunden.«

»Ja, General.«

Er hört Numbark nur noch schlecht. Die Luft ist wohl schon zu dünn. Ein Grosnopf kann bis zu zwölf Stunden im luftleeren Raum überleben. Er zieht die Tastatur zu sich heran. Das System hat noch Energie. Das gibt ihm Hoffnung. Er fragt den Triebwerksstatus ab. Der Antrieb funktioniert! Allerdings hat einer der Treibstoffbehälter ein Leck.

»Wir drehen und beschleunigen wieder«, tippt Gronar und sendet die Nachricht an Numbark.

»Wir müssen zurück zur Majestätischen Dracht«, antwortet Numbark. »Nur sie kann uns helfen.«

»Das schaffen wir nie und nimmer in zwölf Stunden. Wir müssen weiterfliegen.«

»Aber bis zu dem Planeten brauchen wir noch mindestens einen Tag!«

»Das ist mir bewusst. Unsere Rettung wird vorher eintreffen.«

SCHON WIEDER DER ALARM! ADAM SCHRECKT AUF. DER Bildschirm zeigt das Wabern des Sterns. Angst jagt es ihm nicht mehr ein. Er hat sich daran gewöhnt.

»Adam, melde dich!«

»Ja, Eva? Der nächste Asteroid?«

»Nein, du bist sicher. Du hast den gefährlichen Bereich jetzt durchquert.«

»Warum weckt mich dann der Alarm?«

»Ich habe das Allwissen darum gebeten. Du hast nicht auf meine Rufe reagiert.«

»Ich habe geschlafen.«

»Adam, es ist etwas Schreckliches geschehen.«

Marchenko. Sie haben irgendwo seinen zerstörten Roboterkörper gefunden. Marchenko hat die Dracht nie verlassen. Er jagt ein Phantom.

»Ja?«

Er traut sich nicht, den Namen auszusprechen.

»Der Asteroid, dem du vorhin begegnet bist, hat Gronars Shuttle getroffen.«

Oh. Gronar war ihm immer genauso unsterblich vorgekommen wie Marchenko. Er hat sie gerettet.

»Ist er …?«

»Es gibt ein Opfer an Bord, aber er lebt.«

»Gut.«

»Die Triebwerke funktionieren noch.«

»Sehr gut.«

»Es gibt nur ein Problem: Die Kabine des Shuttles ist leckgeschlagen. Sie schaffen es nicht, sie abzudichten. Das gibt ihnen noch etwa zwölf Stunden.«

Adam überschlägt die Zeit im Kopf. Er ist vor zwei Tagen gestartet und hat dauernd beschleunigt. Gronar war stets etwa zwei Stunden hinter ihm. Also wird er mindestens 40 Stunden für den Rückflug zur Majestätischen Dracht brauchen. Gronar ist also bereits tot, auch wenn er noch lebt.

»Das ist ja furchtbar«, sagt er.

»Es gibt eine Rettung«, sagt Eva. »Auch wenn es nicht einfach wird.«

»Der Planet?«

»Von dem ist er zu weit entfernt. Nein, du kannst ihn und seine Crew retten.«

»Ich … natürlich. Ja, sag mir, was ich tun muss. Oder warte. Ist dir klar, was das bedeutet? Ich verliere auf der Suche nach Marchenko einen weiteren Tag, oder wenigstens einen halben. Und was für dich noch wichtiger sein könnte: Falls ich Ragnor finde, wird Gronar Zeuge sein. Dann gibt es für deinen Schützling keine Rettung mehr.«

»Ich weiß, Adam. Ich habe eine halbe Stunde lang überlegt, bevor ich dich gerufen habe. Aber ich sehe keinen anderen Ausweg. Es fühlt sich an, als würde ich Ragnor wegen Gronar verraten, als hätte ich beide gegeneinander aufgewogen und Gronar für wichtiger befunden.«

»Und, hast du?«

»Ja, das habe ich. Ist das schlecht, ist das unmoralisch? Gronar hat so viel für uns getan!«

»Und du hast schon so viel für Ragnor getan. Ohne dich wäre er längst tot, Eva.«

»Außerdem ist es doch so: Wir wissen nicht, was aus Marchenko und Ragnor geworden ist. Vielleicht ist der ganze Ausflug umsonst. Aber Gronar kannst du mit ziemlicher Sicherheit retten.«

»Du hast recht, Eva. Dann solltest du mir jetzt erklären, was notwendig ist.«

LANGSAM WANDERT DER DRACHE AUS SEINEM BLICKFELD, und die Trägheit drückt ihn nach links. Adam schwenkt den Frachter in die Gegenrichtung. Er muss Gronars beschädigtem Shuttle Gelegenheit geben, ihn einzuholen.

Dann setzt er sich wieder gerade hin. Vor ihm liegt ein schwarzer Abgrund. Abertausende weiße Lichtpunkte verhindern, dass sein Blick hineinstürzt. Irgendwo dort, für die Scanner des Frachters unsichtbar, kreist die Majestätische Dracht auf ihrem Orbit. Und ein ganzes Stück näher, im Infrarot sicher schon gut zu erkennen, kommt ein Shuttle mit drei Passagieren auf ihn zu.

»DA IST ES«, LIEST GRONAR AUF DEM SCHIRM.

Numbark sitzt neben ihm und tippt. Gronar konzentriert sich auf den Hauptschirm, den sein Steuermann auf Infrarot umgeschaltet hat. Tatsächlich, dort ist ein heller Punkt, der sich exakt auf ihrer Flugbahn befindet.

»Es sieht so aus, als würde er vor uns fliehen«, tippt Gronar.

Danach steckt er seine Hände schnell wieder in die Magenfalte. Das größte Problem ist die Kälte. Seine Haut ist zwar so dick, dass sein Inneres gut geschützt ist, aber trotzdem melden die Temperaturnerven große Kälte, was sein Gehirn in Schmerzen übersetzt.

»Er muss beschleunigen, sonst haben wir keine Chance umzusteigen«, tippt Numbark.

Das weiß er natürlich. Im All gibt es keine Fixpunkte. Alles bewegt sich. Sie befinden sich auf einem Transferorbit, genau wie Adams Frachter. Keiner von ihnen kann mal kurz anhalten. Es würde Stunden dauern, die Fluggeschwindigkeit auf Null zu bringen. Und trotzdem würden sie sich dann noch bewegen.

Aber das ist letztlich auch egal. Wichtig ist nur die Relativgeschwindigkeit. Sie muss möglichst gering sein, dann funktioniert das Umsteigen. Niemand kann gefahrlos aus einem fahrenden Bus springen. Aber wenn ein gleich schneller Bus daneben fährt, sieht es anders aus. Dass ihre Schiffe den gleichen Abflugort und das gleiche Ziel haben, macht die Orbitalmechanik besonders simpel. Es ist, als wären sie auf parallelen Gleisen unterwegs. Das macht Gronar Hoffnung. Numbark hatte zunächst nicht glauben wollen, dass Adam ihnen helfen würde, aber er hatte ihm von Anfang an vertraut.

Wenn es bloß nicht so kalt wäre. Vor dem Abflug hatte er sich noch über Marchenko lustig gemacht, der für Adam und Eva spezielle Anzüge anfertigen wollte, die sie im luftleeren Raum tragen könnten. Ein Grosnopf braucht so etwas nicht, hatte er gesagt. Wir tauchen stundenlang tausende Meter tief, da werden wir doch wohl eine Atmosphäre Druckunterschied ertragen! Aber in der Tiefsee sinken die Temperaturen nie unter den Gefrierpunkt. Die Heizung muss das eigentliche Geheimnis dieser Raumanzüge sein. Falls sie zurückkommen, wird er durchsetzen, dass für jedes Besatzungsmitglied einer hergestellt wird.

DAS SHUTTLE BÄUMT SICH AUF. GRONAR SCHRECKT AUS dem Halbschlaf. Was ist passiert? Sein Steuermann! Er scheint nach vorn gegen das Pult gesunken zu sein.

»Numbark?«, ruft Gronar beim Aufspringen, aber er hört sich selbst nicht.

Das Shuttle bremst, das darf nicht sein, sonst erreichen sie Adams Schiff nicht. Numbark muss einen der Steuerhebel verrissen haben. Er zieht ihn so sanft wie möglich zur Seite und greift selbst nach dem Sektoren-Mechanismus.

So. Die Trägheitskraft wechselt ihre Richtung. Auf dem Bildschirm ist der Kurs immer noch rot eingezeichnet. Der Funker, der vierte Mann auf dem Schiff, kommt, bettet Numbark auf den Boden und beginnt mit der Wiederbelebung. Gronar beschleunigt das Schiff, bis sich die rote Linie wieder mit der grünen vereinigt. Dann kniet er sich neben Numbark. Der Funker hat beide Tasthände im ersten Magen des Steuermanns. Das ist die beste Stelle für eine Massage des Hauptherzens.

Gronar greift hinter Numbarks Nacken und fährt mit der rechten Tasthand ein Stück hinunter. Eine mächtige Knochenplatte schützt das Zweitherz, das für die Versorgung der oberen Körperbereiche zuständig ist. Dadurch ist es für eine simple Herzmassage nicht zugänglich. Er muss versuchen, es mit dem Würgergriff wieder in Gang zu setzen. Gronar konzentriert sich. Er nimmt die zweite Tasthand zu Hilfe. Der dritte Wirbelknochen ist es. Wenn er ihn ruckartig nach oben zieht, schiebt er wie ein Hebel die Schutzplatte nach unten, bis sie von oben auf das Herz drückt. Der Griff hat seinen Namen aus gutem Grund. Zieht er zu stark an dem Wirbelknochen, kann er das Herz glatt zerquetschen. Es hängt vom Körperbau und vom

Alter eines Grosnopfes ab, wie stark zu stark ist. Bei Jugendlichen führt der Würgergriff besonders schnell zum Tod. Numbark ist schon deutlich über 90. Bei einem Mann im besten Alter muss er all seine Kräfte einsetzen, um eine Wirkung zu erzielen. Aber jedes Individuum hat einen etwas anderen Knochenbau.

Der Funker beendet seine Massage des Hauptherzens. Dann weicht er ein Stück zurück. Das ist richtig so. Bei der Anwendung des Würgergriffs verfällt das Opfer oft in konvulsive Zuckungen. Ein Treffer mit den kräftigen Sprungbeinen könnte den Funker ernsthaft verletzen.

So, Gronar, dein Einsatz. Er rückt seine Knie so zurecht, dass sie Numbarks Kopf an Ort und Stelle halten. Dann schließt er alle vier Augen. Seine Hände tasten sich vor. Erster, zweiter, dritter Wirbel. Die Knochen sind stabil, das ist selbst durch die dicke Haut zu spüren. Numbark ist schon deutlich abgekühlt. Die Haut ist feucht von der auskondensierten Kabinen-Atmosphäre. Gehirn und Nervenzellen können bis zu zehn Minuten ohne Sauerstoff überleben. Ein Grosnopf ist zäh. Sie waren einmal die Könige der Tiefsee, bis einer ihrer Vorfahren auf die Idee kam, an Land zu gehen.

Wa*k, Gro, D_m. Drei, zwei, eins. Gronar drückt mit aller Kraft auf den Wirbelknochen. Numbarks Beine zappeln wild. Sein Kopf schlägt mehrmals auf den Boden. Er hätte etwas Weiches unterlegen sollen. Gronar öffnet die Augen. Die Pupille von Numbarks Vorderauge bewegt sich schnell hin und her. Die Beine beruhigen sich. Der Funker traut sich nach vorn und tastet den Bauch des Patienten ab. Dann zwinkert er erfreut. Numbark versucht sich zu erheben. Gronar öffnet die Knie und entlässt seinen Kopf aus dem Griff. Sein Steuermann dreht sich um und umarmt ihn. Numbarks Vokalisator bewegt sich, doch das Vakuum schluckt seine Worte.

Gronar sieht zum Bildschirm. Die grüne Linie hat sich auf eine Fingerlänge verkürzt. Es ist Zeit. Sie müssen sich auf den Umstieg vorbereiten. Gronar deaktiviert das Triebwerk. Dann dreht er das Shuttle mit Hilfe der Korrekturdüsen um 180 Grad. Die Bewegung verläuft so langsam, dass davon nichts zu spüren ist. Mit dem Triebwerk in Flugrichtung kann er beim Rendezvous bei Bedarf noch die Geschwindigkeit anpassen, zumindest ein wenig.

Danach gibt es nichts mehr zu tun. Er legt Numbark den Arm auf die Schulter. Die Haut seines Steuermanns ist immer noch kalt, aber er fühlt den Puls der beiden Herzen.

UNTER NORMALEN UMSTÄNDEN WÄRE ES EIN wahnsinniger Plan. Der Frachter schießt mit fast 100.000 km/h durch das All. Er lässt sich von einem anderen, stark beschädigten Schiff überholen, und während des Überholvorgangs steigt die Besatzung um. Adam fixiert den Bildschirm. Gronars Shuttle ist noch nicht zu sehen. Es ist viel zu klein, um von den Schiffssensoren registriert zu werden. Und da das Triebwerk abgeschaltet ist, sieht er es auch nicht im Infrarot.

Sie können nicht mehr weit voneinander entfernt sein. Das macht ihn unruhig. Es ist, als wäre er nachts allein in einem dunklen Wald unterwegs und müsste ständig mit dem Überfall eines Raubtiers rechnen. Aber um ihn herum stehen keine Bäume. Der Kosmos ist ein riesiges Nichts, das sich ständig ausdehnt und damit immer schneller zu einem noch größeren Nichts wird. Doch obwohl da nur Leere zwischen ihm und dem anderen Schiff ist, kann es sich in dieser Schwärze sehr effizient verstecken.

Gut, dass Gronar ihn nicht mehr verfolgt. Andererseits hätte Gronar auch kaum eine Chance gehabt, ihn zu finden. Ein Frachter, der seine Triebwerke abgeschaltet hat, fügt sich perfekt in den kosmischen Hintergrund ein, wird zu toter Materie, die nur sichtbar ist, wenn man sie direkt anleuchtet.

Hoffentlich kommt Gronar bald an Bord! Wenn er so allein unterwegs ist, verfällt er auf die seltsamsten Gedanken. Adam aktiviert das Funkgerät. Das Shuttle ist garantiert schon in Reichweite des Kurzreichweite-Senders.

»Adam hier«, sagt er. »Wie sieht es aus?«

Gronar antwortet nicht. Ah, er hat vergessen, dass die Kabine des Shuttles luftleer ist. Er zieht den Computer heran und tippt.

»Wie lange noch?«

»Drei Minuten«, antwortet jemand.

Gut. Damit hat er noch 180 Sekunden, um über die Version der Wahrheit zu entscheiden, die er Gronar berichten wird.

Durch den Frachter gellt ein Alarmsignal. Die Sensoren des Schiffs haben offenbar das sich von hinten nähernde Shuttle bemerkt und halten es für eine Gefahr. Unter anderen Umständen hätten sie damit vielleicht sogar recht gehabt. Es hat auch sein Gutes, Retter in der Not zu sein. Ob das Gronar milder stimmen wird, was Ragnors Existenz betrifft?

Adam steht bereits im Raumanzug in der Schleuse. Es ist ein überwältigender Moment. Vor ihm breitet sich das halbe Universum aus. Er sieht viel mehr Sterne, als das von der Oberfläche eines Planeten aus möglich wäre. Vor allem aber ist es völlig ruhig. Er hört nur seinen eigenen

Atem, und ab und zu gibt die Lebenserhaltung des Anzugs ein leises Gurgeln von sich.

Der Frachter scheint im All zu stehen. Dass er die Sterne mit fast 100.000 km/h hinter sich lässt, davon ist nichts zu merken. Sie sind so weit von ihm entfernt, dass sie über jede Relativbewegung erhaben sind. Adam steht in der äußeren Schleusentür. Alles sieht völlig sicher aus. Aber wenn er sich aus Versehen vom Schiff abstoßen würde, wäre er tot. Er würde es nie wieder erreichen, keine Chance, er würde sich auf ewig mit der Abstoß-Geschwindigkeit von ihm entfernen und ersticken, sobald der Sauerstoff-Vorrat des Anzugs erschöpft wäre. Das Universum ist wunderschön und tödlich zugleich. Deshalb hat er sich mit einer Sicherungsleine an einer Öse hinter der Schleusentür eingehakt.

In der linken Hand hält Adam einen Scheinwerfer. Er leuchtet damit die Schleuse aus. Er erwartet vier Gäste, alle weitaus größer als er, aber die Schleuse ist ausreichend dimensioniert. Gronar hat angekündigt, dass einer seiner Begleiter einen tödlichen Treffer erhalten hat. Adam leuchtet mit der Lampe in die Schwärze, und es ist, als hätte er sie ausgeschaltet. Unten auf dem Planeten würde er einen Lichtstrahl erkennen, aber hier gibt es nichts, was die Lichtteilchen reflektieren könnte. Licht wird erst wieder sichtbar, wenn es auf ein reflektierendes Ziel trifft.

So wie jetzt. Der Scheinwerfer fokussiert überraschend gut. Er zeigt einen weißen Fleck; wenn er seine Hand bewegt, wandert der Fleck über eine räumliche Form. Adam bewegt die Lampe hin und her, und wie beim Freirubbeln eines versteckten Bildes kommt allmählich die Form des Shuttles zum Vorschein, das sich von hinten nähert. Er kontrolliert den Scheinwerfer. Ah, an seinem vorderen Ende befindet sich ein Ring, mit dem er den Fokus verändern kann. Er dreht den Ring, so weit es geht.

Der Öffnungswinkel des Scheinwerfers wächst auf 45 Grad. Er leuchtet zwar jetzt nicht mehr so hell, aber dafür kann er das Shuttle komplett erkennen.

Aus den Tiefen des Alls schiebt sich eine Schlange auf ihn zu. Der Bug des Raumfahrzeugs ist organisch rund geformt, wie ein langgezogenes Ei. Er ist mit Schuppen besetzt, Hitzeschutz-Kacheln vermutlich. Das Shuttle kann also auch durch die Atmosphäre eines Planeten fliegen. Etwas nach hinten versetzt sind links und rechts Antennen zu erkennen, und aus einem Spalt ganz vorn ragen wie die gespaltene Zunge eines Amphibiums zwei Rohre hervor, bei denen es sich um Waffen handeln dürfte. Vielleicht können sie Torpedos verschießen? Wären es Laser-Rohre, müssten sie in alle Richtungen schwenkbar sein.

Aber die Schlange ist verletzt, das ist schon aus der Ferne zu sehen. Kurz hinter dem Kopf ist ihre Haut an mehreren Stellen aufgerissen. Die Crew hatte großes Glück, dass es nicht die Triebwerke erwischt hat. Hätte er mit dem Frachter erst noch umkehren müssen, wäre er wohl zu spät gekommen.

Adam nimmt das Seil, das er zusammengerollt an den Werkzeuggürtel gehängt hat. Er rollt es ab. Es müsste zehn Meter lang sein. Das eine Ende knüpft er mit einem Webeleinenstek an einer bodennahen Öse innerhalb der Schleuse fest. Das andere wirft er aus der Schleuse ins All hinaus. Es entfernt sich langsam vom Schiff, bis sich das Seil straffgezogen hat, dann kommt es durch den dabei entstandenen Gegenimpuls langsam wieder zurück. Mist, so hatte er sich das nicht vorgestellt. Die Leine sollte eigentlich Gronar und seiner Crew beim Umsteigen helfen – sie hätten sich daran in die Schleuse ziehen können, falls sie den Frachter verfehlen sollten.

Dann werden sie wohl gut zielen müssen! Es ist ungünstig, dass er keine Funkverbindung zu Gronar hat.

Wieso haben die Grosnopfe nicht daran gedacht, für den Fall eines Druckverlustes vorzusorgen? Sie müssen sich zu sicher gefühlt haben, weil ihnen das Vakuum nichts anhaben kann.

Der Schlangenkopf ist noch zehn oder zwölf Meter entfernt und treibt mit etwa zwei Metern pro Sekunde auf ihn zu. Ein kurzer Blick nach oben. Ist da genug Platz? Ja, das Shuttle wird den Frachter nicht treffen. Das hat Gronar gut eingerichtet. Da sieht er den Freund auch schon. Er steht kopfüber auf der Unterseite des Schlangenkopfes. Das All kennt keine Richtungen. Er muss sich immer wieder daran erinnern. Aber das ist ein kluger Schachzug. Gronar braucht sich nur leicht im richtigen Winkel nach unten abzustoßen, dann kann er beinahe sicher sein, gut in der Schleuse zu landen.

Ein zweiter Grosnopf taucht auf. Er wirkt merkwürdig steif. Natürlich, das ist der Tote. Gronar winkt, und im nächsten Moment stößt er den Toten in seine Richtung. Adam tritt einen Schritt zurück. Der Grosnopf dreht sich langsam um eine Achse, die durch seinen Bauch verläuft. Er kommt auf ihn zu wie ein Turner, der Überschläge trainiert. Aber Gronar hat nicht gut gezielt. Der Tote wird die Schleuse nicht exakt treffen. Er landet zu weit unten. Adam prüft seine Sicherungsleine und hockt sich hin. Da ist der Tastarm! Er greift danach, steht auf und zieht die Leiche mit ganzer Kraft zu sich heran. Der Tote folgt ihm willig, sogar etwas zu willig. Adam hat zu viel Kraft hineingelegt, und nun bringt ihn die Trägheit des toten Grosnopfes zu Fall. Mann, Mann, Mann.

Er kriecht unter der Leiche hervor. Da kommt auch schon der nächste angeflogen. Er bewegt seine vier Arme und versucht damit zu rudern, was natürlich aussichtslos ist. Aber er hat offenbar von Anfang an gut gezielt. Der Grosnopf greift nach dem Schleuseneingang, lässt sich hineintreiben und landet kopfüber an der Decke. Klar, das ist für ihn ganz natürlich, genau aus dieser Position ist er ja gestartet. Vermutlich fragt er sich, warum Adam hier kopfüber herumturnt.

Der nächste Grosnopf ist im Anflug. Er scheint mehr Erfahrung im All zu haben und versucht gar nicht erst, seine Lage zu korrigieren. Adam wirft erneut das Seil aus der Luke. Der Grosnopf greift nach ihm, bekommt es zu fassen und zieht sich daran genau ins Zentrum der Schleuse. Adam hält ihn fest und drückt ihn auf den Boden.

Jetzt fehlt nur noch Gronar. Adam dreht sich um, aber das Shuttle ist nicht mehr zu sehen. Es muss schon über ihnen sein. Wo ist sein Freund? Plötzlich bewegt sich am oberen Rand der Schleuse etwas. Es sieht aus, als würden ein paar Würmer den Weg ins Innere suchen. Das müssen Gronars Finger sein. Warum kommt er nicht? Aber da ist er ja schon. Gronar schwingt sich von oben in die Schleuse, und zwar mit so viel Schwung, dass er gegen die innere Schleusentür prallt.

Puh. Sie haben es geschafft. Adam holt die Leine ein, schließt die Außentür und lässt Luft in die Schleuse. Nebel steigt auf; es ist so kalt, dass die Luftfeuchtigkeit kondensiert. Bei der Hälfte des Normaldrucks, gemessen von seinem Anzug, strecken seine drei Besucher plötzlich die Bäuche nach vorn und lehnen sich nach hinten. Sie atmen! Das muss ein großartiges Gefühl sein nach fast zehn Stunden ohne Luft.

Adam öffnet die Innentür. Er lässt den Gästen den Vortritt. Sie bleiben beim Nahrungsbereiter stehen, der immer noch den Eingang blockiert.

»Oh, der sieht aus wie aus der Kantine«, sagt Gronar.

»Das ist er auch«, antwortet Adam.

»Du hast das schwere Ding durch die ganze Dracht bis

in den Frachter getragen? Nicht schlecht für einen Menschen.«

»Eva hat mir geholfen, und ein Crewmitglied. Er dachte, wir bringen ihn zur Reparatur.«

»Gute Idee«, sagt Gronar. »Ich hatte schon befürchtet, wir müssten jetzt bis zur Rückkehr Menschen-Nahrung essen.«

»Zum Glück nicht.«

»Ich dachte mir das auch schon, Adam, dass deine Schwester dahintersteckt. Ich frage mich nur nach dem Grund.«

»Davon abgesehen, dass Marchenko verschwunden ist? Ich glaube, das kann ich dir erklären.«

»Danke, Adam«, sagt Gronar, »ohne dich wären wir in unserem Shuttle erstickt. Ich weiß, dass du dafür in Kauf genommen hast, Marchenko zu verlieren. Wenn er Hilfe braucht, hat sie sich durch unsere Rettung verzögert.«

Sie sitzen nebeneinander auf den beiden vorderen Sesseln. Der dunkelrot glühende Drache ist wieder vor ihnen. Allmählich schält sich aber auch der Umriss des Planeten aus dem Dunkel, der ihr eigentliches Ziel ist.

»Das ›wenn‹ war mein eigentliches Motiv«, sagt Adam. »Bei euch gab es kein ›wenn‹. Es war völlig klar, dass ihr sterben würdet. Da hatte ich gar keine andere Wahl.«

»Man hat immer eine Wahl«, sagt Gronar. »Ich bin ein Fremder, auch wenn wir uns schon lange kennen, und Marchenko ist Teil deines Plex.«

»Ja, er ist meine Familie. So wie Eva.«

»Wieso ist sie auf der Dracht geblieben?«

»Nicht freiwillig, ich habe sie gezwungen. Ich wollte nicht, dass wir uns beide in Gefahr bringen.«

»Aber wieso bist du einfach so aufgebrochen, um nach Marchenko zu suchen?«, fragt Gronar und beugt sich nach vorn. »Es war doch völlig klar, dass wir etwas unternehmen würden.«

»Ihr habt Marchenko für so etwas wie einen Verräter …«

»Nein, Adam, so etwas habe ich ihm nie unterstellt«, unterbricht ihn Gronar. »Ich weiß einfach nichts über seine Motive.«

»Wir schon.«

»Das dachte ich mir.«

Adam seufzt. Jetzt muss es auf den Tisch.

»Wir vermuten, dass es etwas mit Ragnor zu tun hat.«

»Ragnor? Ich kenne kein Crew-Mitglied mit diesem Namen. Aber es kann sein, dass mich mein Gedächtnis trügt.«

»Es trügt dich nicht. Wir haben Ragnor an Bord gebracht. Du hattest uns mit zum Schlüpf-Ritual genommen, weißt du es noch? Eva hat ihn damals heimlich gerettet und mit auf die Dracht genommen. Marchenkos Flucht könnte etwas mit ihm zu tun haben. Das ist die einzige Erklärung, die wir uns vorstellen können. Vielleicht hat er einen Frachter gestohlen, und Marchenko verfolgt ihn.«

»Ihr habt ihn Ragnor genannt?«

Warum wird Gronar gar nicht wütend und fragt nur nach seinem Namen?

»Er hat sich selbst so genannt«, sagt Adam.

»Das ist interessant«, sagt Gronar leise.

»Warum?«, fragt Adam.

»Egal. Dir ist klar, was das bedeutet?«

»Sein Name?«

»Nein, seine bloße Existenz. Es darf ihn nicht geben.«

»Ich hatte gehofft ...«

»Adam, wir haben damals schon darüber gesprochen. Ihr rührt an den Grundlagen unserer Existenz. Wenn es einmal eine Ausnahme gibt, werden alle Mütter Ausnahmen verlangen.«

»Kannst du nicht ... es würde Eva das Herz brechen.«

»Nein, das kann ich nicht. Ich bin froh, dass ihr uns gerettet habt. Aber das verleiht euch immer noch nicht das Recht, den Untergang unseres Volkes in Kauf zu nehmen.«

»Ich verstehe«, sagt Adam.

Der Plan hat ja bestens funktioniert. Er darf Eva nichts von Gronars Reaktion erzählen.

»Ich fürchte, du verstehst es nicht, sonst würdest du mich nicht so niedergedrückt ansehen.«

»Du verstehst meine Mimik?«

»Ich bin lange genug mit euch zusammen gewesen.«

»Was wirst du tun?«, fragt Adam.

»Das kann ich dir erst sagen, wenn es so weit ist. Suchen wir nach Marchenko, das hat jetzt Priorität. Ich habe übrigens unser Shuttle auf Automatik geschaltet. Es wird im Orbit des Planeten auf uns warten.«

»Aber wozu? Es ist doch beschädigt.«

»Keine Ahnung. Aber wer weiß, vielleicht brauchen wir es noch einmal.«

Dunkelnacht 24, 3890

GRONAR SITZT AUF DEM BODEN DER SCHLEUSE UND bekommt keine Luft. Seine rechte Lasthand liegt auf der Schulter des Toten. Sie haben ihn in die luftleere Schleuse gebettet, damit sich sein Körper nicht auflöst, bevor er seine letzte Ruhe im Wasser finden kann. Es gehört sich so, dass ihm seine Verwandten in den letzten Stunden davor Gesellschaft leisten. Aber sein Plex ist in der Heimat.

Die Haut des Toten verliert allmählich ihr schönes, dunkles Grün und bleicht aus. Und sie ist überraschend warm, weil die Schleuse zwar luftleer ist, aber nicht so eiskalt wie das Vakuum. Der Tote rührt sich nur, wenn der Frachter seine Triebwerke aktiviert. Gronar betrachtet ihn in aller Ruhe. Irgendwann wird er auch so daliegen. Hoffentlich erst in 50 Jahren oder mehr, aber es ist unvermeidlich.

Wie war dein Name, Bruder? Für ihn war er nur der Schütze, und jetzt, als Toter, angekommen in der Welt der Dinge, steht ihm kein Name mehr zu. Soll er Numbark danach fragen? Es gehört sich nicht. Numbark müsste ihm die Antwort verweigern, um die Traditionen zu achten, aber er würde einen Weg finden, sie ihm trotzdem zukommen zu lassen. Vielleicht würde er eine Nachricht weiterleiten, die der Tote mit seinem Namen signiert hat, oder er würde mit dem Funker, seinem Freund, ganz beiläufig darüber sprechen.

Traditionen sind das eine, das Leben das andere. Aber das Problem, das sich ihm womöglich bald stellen wird, ist viel umfassender und wird sich nicht so kreativ lösen lassen.

Es klopft an der inneren Schleusentür. Das ist das vereinbarte Zeichen. Von den Seiten wehen Dampffahnen in die Schleuse. Er atmet die frisch hereinströmende Luft. Gleich wird sich die Tür zur Kabine öffnen. Er wird den Funker nach seinem Namen fragen, bevor es zu spät ist.

»Gr_*kor Kor_ax_«, warnt Gronar die kleine Crew. »Anschnallen und festhalten!«

Adam hat ihm das Steuer übergeben. Das ist vernünftig, denn er kennt sich doch viel besser damit aus. Das Schiff reagiert nur langsam auf seine Befehle. Ein Frachter ist eben kein Militärshuttle. Jetzt schwenkt das Heck herum. Er steuert mit den Korrekturdüsen dagegen, bis die Triebwerke im richtigen Winkel stehen.

»Feuer«, sagt er und startet das Haupttriebwerk.

Seine Kraft drückt ihn in den Sessel. Nicht schlecht, nicht schlecht. Was die Kraft betrifft, kann es der Frachter durchaus mit dem Shuttle aufnehmen. Er ist nur nicht so manövrierfähig. Unter normalen Umständen hätten sie Adam nie und nimmer eingeholt. Im freien All hat es wenig Vorteile, besonders wendig zu sein, da kommt es nur auf die Beschleunigungswerte an. Umso bemerkenswerter ist, dass Adam seinen Vorteil freiwillig aufgegeben hat.

»Uff«, ächzt Adam, gerade in dem Moment, in dem er an ihn gedacht hat.

Gronar lacht. Ja, der Druck ist höllisch. Das macht ihm Spaß. Um in den Orbit einschwenken zu können, müssen sie einen großen Teil der Geschwindigkeit abbauen. Auf dem Schirm ist nur noch der Planet zu sehen. In natürlichen Farben wirkt er bedrohlich und fremd. Das rote Licht des Braunen Zwergs erzeugt keine Helligkeit, sondern nur eine etwas hellere Version von Dunkelheit. Fotosynthese, wie sie es kennen, muss dort unten unmöglich sein.

Er schaltet den Bildschirm auf Infrarot. So ist es besser. Nun sind Wolken zu erkennen, die als schwarze, unregelmäßige Flecken den Planeten umkreisen. Immer wieder sind zyklonartige Strukturen darin zu finden. Wo die Wolkendecke aufreißt, scheint die Oberfläche hell durch. Der Planet glüht im Infrarot. Er gibt tatsächlich Wärme ab, vermutlich durch die Gezeitenkräfte des Sterns, die ihn durchmassieren, obwohl er längst gravitativ gebunden ist. Was muss das für eine Welt sein dort unten? Gronar ist neugierig. Die Aussicht, den Sprungfuß in eine andere Welt zu setzen, das ist es, warum er zur Raumflotte gegangen ist.

Wo ist Marchenko? Im Orbit kann er sich nicht vor ihnen verstecken. Der Planet besitzt keine natürlichen Begleiter.

»Vorschläge, wie wir unseren Frachter mit Marchenko finden?«, fragt er.

»Wenn er abgestürzt ist, muss die Absturzstelle noch heiß sein«, sagt Numbark. »Dann müssten wir ihn im Infrarot sehen.«

»Zwei Drittel der Oberfläche sind wolkenbedeckt«, sagt Adam. »Die Wolken lassen keine Wärmestrahlung durch.«

»Dann müssen wir warten, bis die Wolken weitergezogen sind«, sagt Numbark.

»Das dauert zu lange«, sagt Gronar.

»Ich habe mir die Oberfläche im Radar angesehen«, sagt der Funker.

»Entschuldige, wie ist dein Name?«, fragt Gronar.

»Ich bin Loknor.«

Der Mann sieht ihn verwirrt an. Dass ein General nach dem Namen eines Soldaten fragt, ist ungewöhnlich.

»Danke. Sprich weiter, Loknor.«

»Es ist ziemlich trostlos da unten. Die Oberfläche weist so gut wie keine Höhenunterschiede auf.«

Auch das muss an den Gezeitenkräften liegen. Je glatter die Oberfläche, desto weniger können sie zupacken.

»Also keine Bergtouren da unten«, sagt Gronar. »Aber was bedeutet das für uns?«

»Wenn der Gesuchte dort unten gelandet ist, müsste ihn das Radar auch aus großer Höhe finden. Der Frachter ist, wenn er auf den Landebeinen steht, etwa 45 Meter hoch. Es gibt dort unten nichts, was dem gleichkommt.«

»Kannst du ›große Höhe‹ genauer definieren, Loknor?«

»Die Atmosphäre enthält viel Wasserdampf. Das beschränkt die Reichweite.«

»Ich brauche eine Höhe.«

»100 Kilometer, General.«

»Aber da sind wir bereits voll in den Ausläufern der Atmosphäre«, sagt Numbark.

»Das Risiko müssen wir eingehen«, sagt Gronar. »Wir werden tauchen.«

»Dann schlage ich einen elliptischen Orbit vor, der uns zwar der Oberfläche nahebringt, aber dem Schiff auch Zeit zur Erholung bietet«, sagt Numbark.

»Einverstanden«, sagt Gronar. »Wir haben Glück, dass

sich der Frachtbereich im Bug befindet. Er wird sich am stärksten erhitzen.«

»250 KILOMETER«, SAGT NUMBARK.

Es geht los. Gronar schlägt begeistert mit den Tasthänden auf die Lehne. Gleich taucht das Schiff wie ein Geschoss in die Gashülle des Planeten ein. Zögern gilt nicht; es gibt nur ganz oder gar nicht, denn wenn sie zu flach auftreffen, laufen sie Gefahr, von der Atmosphäre abzuprallen. Schon durchlaufen tiefe Vibrationen seinen Körper. Die Atmosphäre wird mit jedem Kilometer dichter. Ihre Atome reiben an der Außenhülle und erwärmen sie dabei. Jedes der winzigen Teilchen trägt nur Billionstel Grad bei, aber in der Summe entsteht eine Hitze, die sie rösten könnte – hätte Numbark den Kurs falsch berechnet.

Aber Gronar vertraut seinem Steuermann.

»200 Kilometer«, sagt Numbark. »Außenhülle bei 600 Grad.«

»Seht ihr schon etwas auf der Oberfläche?«, fragt Gronar.

»Das Radar dringt noch nicht durch«, sagt Loknor. »Der Wasserdampf …«

»Ist das nicht ungewöhnlich?«, fragt Adam. »An der Oberfläche scheint es keine Meere zu geben. Woher kommt all der Dampf?«

»Vielleicht ist er schon immer in der Atmosphäre gebunden«, sagt Loknor. »Der Zentralstern ist zu leicht und zu inaktiv, um dem Planeten seine Atmosphäre zu stehlen. Und am Boden könnte es zu warm sein, sodass das Wasser nicht kondensiert.«

Dieser Loknor ist nicht dumm. Das muss er bei einem Wissensbewahrer gelernt haben.

»150 Kilometer«, sagt Numbark. »Außenhülle bei 960 Grad. Das ist etwas mehr als berechnet, aber noch kein Grund, sich Sorgen zu machen.«

Dass Numbark so viel redet, zeigt: Er sorgt sich bereits. So gut kennt Gronar seinen Steuermann schon. Ein heftiger Stoß trifft das Schiff in die Seite. Gronar ist auf dem Sprung, aber Numbark stabilisiert den Kurs wieder.

»Das war bloß der Wind«, sagt Numbark.

Gronar lacht. Es ist großartig, am Leben zu sein. Schade, dass der Tote in der Schleuse das nicht mehr erleben kann. Jeder Grosnopf hätte an diesem Höllenritt seine Freude. Wenn Marchenko nun einfach nur aus Spaß hierhergeflogen ist? Die Langeweile muss ihn während der acht Jahre, die sie verschlafen haben, sehr geplagt haben.

»100 Kilometer«, sagt Numbark. »Wir haben den tiefsten Punkt unserer Bahn erreicht. Außenhülle bei 1420 Grad.«

Das ist verdammt heiß. Und die Temperatur wird weiter steigen, denn sie durchqueren die Atmosphäre ja noch für eine Weile.

»Prognose?«, fragt Gronar.

»Wir werden mit 1800 Grad durchkommen«, sagt Numbark. »Aber der Hitzeschild wird schon ein bisschen abschmelzen.«

Das ist ein Problem. Wenn sie Marchenko nicht bald aufspüren, müssen sie die Annäherung mehrmals wiederholen. Irgendwann ist die Abschirmung dann aufgebraucht, die ihre Kabine vor der Hitze schützt.

»Seht ihr da unten schon etwas?«, fragt Gronar.

Loknor und Adam teilen sich das Durchmustern der Radarbilder.

»Die Oberfläche ist wirklich sehr glatt«, sagt Adam. »Es ist fast unglaublich. Wenn man einen Gummiball auf die Größe des Planeten aufblasen würde, hätte er deutlich höhere Berge.«

»Was ist ein Gummiball?«, fragt Numbark in überraschend guter Menschensprache.

»Eine künstlich hergestellte Kugel aus einem elastischen Material, etwa so groß wie ein Kopf«, erklärt Adam. »Sie ist normalerweise so glatt, dass man mit bloßem Auge keine Erhebungen erkennt.«

»Verstehe«, sagt Numbark. »Die Planetenkruste muss aus einem relativ weichen Material bestehen, anders ist das kaum erklärbar.«

»Ich sehe auch keine Spur von Vegetation«, sagt Adam. »Der Planet scheint tot zu sein, soweit man das aus dieser Höhe beurteilen kann.«

Gronar holt sich die Infrarot-Fotos der hochauflösenden Kamera auf den Schirm. Adam hat recht. Die Oberfläche des Planeten ist eintönig und flach. Falls es wirklich Strukturen gibt, müssen sie kleiner als zwei, drei Armlängen sein, denn das ist das Auflösungsvermögen der Kamera. Der Frachter ist eben kein Aufklärungs-Shuttle, und seine Kamera soll bloß herausfinden, ob der Landeplatz frei ist.

»Was ist mit unserem Ziel?«, fragt Gronar.

»Von Marchenko keine Spur«, antwortet Adam.

»150 Kilometer«, sagt Numbark. Außenhülle bei 1060 Grad.«

Sie befinden sich bereits im dritten Anflug. Bisher steigt die Temperatur bei jedem Eintauchen etwas höher. Das liegt wohl daran, dass das Schiff zu wenig Zeit zum Abkühlen hat, wenn es die Atmosphäre wieder verlässt. Wie viele Versuche haben sie noch? Der Hitzeschild darf nicht völlig abschmelzen, sonst können sie am Ende gar nicht mehr landen, um Marchenko zu retten.

»100 Kilometer« sagt Numbark stoisch.

Er hat wirklich den besten Steuermann der Welt. Gronar kratzt sich unter der Magenfalte.

»Weit und breit nichts zu sehen«, sagt Loknor.

Sie müssen Geduld haben. Bei jedem Versuch können sie kaum mehr als ein Achtel der Planetenoberfläche mit dem Radar erfassen. Ein Schiff der Größe, wie Marchenko es gestohlen hat, lässt sich nicht verstecken, schon gar nicht auf einem Planeten völlig ohne Höhenunterschiede. Es ist eine seltsame Welt. Und wenn Marchenko nun ein anderes Ziel gewählt hat?

»Wir sind wieder bei 150«, sagt Numbark. »Außenhülle bei 1570 Grad. Ich glaube nicht, dass wir acht Versuche schaffen werden.«

Der Himmel ist rot. Jetzt, im planetenfernsten Teil des Orbits, dominiert wieder der Zentralstern mit seiner dunkelrot pulsierenden Oberfläche. Gronar mag Luhman-16A nicht, wie der Stern bei den Menschen heißt. Von den Wissensbewahrern seines Volkes hatte noch niemand den Braunen Zwerg entdeckt, obwohl der näher an der Heimatwelt liegt als an der irdischen Sonne.

»Zeit für den nächsten Versuch?«, fragt Gronar.

»Ich empfehle, dass es auch der letzte Versuch wird«, sagt Numbark. »Der Hitzeschild ist schon so mitgenommen, dass ich nur noch für ein Annäherungsmanöver garantieren kann. Es sei denn, wir wollen uns grillen lassen.«

»Adam?«, fragt Gronar, »Was sagst du? Marchenko ist dein … Vater. Du solltest mit darüber entscheiden.«

»Ich?«

Adam sieht von seiner Konsole auf.

»Ich … wartet mal, ich glaube, ich habe etwas.«

Er tippt mit den Fingern immer wieder auf den Schirm. Das sieht ziemlich ungelenk aus. Aber auch wenn die Menschen nur je fünf Tast-Finger haben, können sie gut damit umgehen. Die Sieben ist wohl doch nicht die perfekte Zahl, wie es die alten Legenden behaupten.

»Hier, ich schicke euch etwas auf den Schirm«, sagt Adam.

Gronar beugt sich nach vorn. Auf seinem Display erscheint ein grau-grünes Bild, das anscheinend einen Teil der Oberfläche des Planeten zeigt. Er zieht den Schirm heran. Tatsächlich, dort ist ein Muster zu sehen. Das Foto ist im Infrarot aufgenommen. Es muss sich also um eine Wärmespur handeln. Gronar vergleicht den Maßstab. Die Spur ist in menschlichen Maßen knapp 1000 Meter lang und verläuft ziemlich exakt in Ost-West-Richtung, wobei sie von Osten nach Westen hin heller wird. Dann bricht sie plötzlich ab.

»Was glaubst du, was wir da vor uns haben, Adam?«, fragt Gronar.

»Es könnte sich um ein geologisches Phänomen handeln, einen Riss in der Oberfläche, durch den Wärme nach außen tritt.«

»Wenn du das wirklich glauben würdest, hättest du es uns nicht gezeigt.«

»Das stimmt«, sagt Adam. »Ich will nur vorsichtig sein, weil ich gern etwas anderes glauben würde.«

Er macht eine Pause.

»Nun sag es schon«, fordert Gronar ihn auf.

»Es könnte eine Art Bremsspur sein, die von einem Raumfahrzeug kurz vor der Landung verursacht wurde.«

»Du sprichst von dem Shuttle, in dem Marchenko und …«

»Richtig. So könnte es aussehen, wenn es auf seinen Bremstriebwerken langsam zu Boden gesunken wäre und dabei noch einen Impuls Richtung Westen hatte.«

»Muss das nicht schon mindestens zwei oder drei Tage her sein?«, fragt Numbark. »So lange soll eine Hitze-Signatur erhalten geblieben sein?«

»Dort am Boden ist es ziemlich warm, dadurch dauert es sicher länger, bis die Spur sich abkühlt«, entgegnet Adam.

»Aber wo ist es dann gelandet? Müssten wir es nicht sehen?«

»Das ist die gute Frage, Gronar. Ich habe keine Antwort, aber ich weiß, wo wir vielleicht eine finden.«

»Dort unten«, sagt Gronar.

»Ja«, sagt Adam.

»Worauf warten wir dann noch? Numbark, wir bereiten die Landung vor.«

»Es gibt da nur ein Problem«, sagt Adam.

»Es gibt nichts, das wir nicht lösen könnten.«

»Der Frachter wird es nicht schaffen, von der Oberfläche wieder zu starten. Er kommt einfach nicht auf die nötige Leistung. Der Planet ist ein bisschen zu schwer.«

»Das kann ich nicht glauben«, sagt Gronar. »Wer behauptet das?«

»Das Allwissen hat es ausgerechnet.«

Das ist allerdings ein Argument. Wenn die KI der Majestätischen Dracht das berechnet hat, braucht er nicht auf einen Irrtum zu hoffen. Aber Moment. Das Allwissen bezieht sich dabei auf den Frachter.

»Wir landen«, sagt Gronar.

»Auch auf die Gefahr hin, die Dracht nie wieder zu erreichen?«, fragt Numbark. »Ich würde den Hinweis des

Allwissens auf keinen Fall ignorieren. Diese Expedition braucht Sie, General, sonst erreichen wir das große Ziel nie und nimmer.«

»Ich habe nicht vor, die Weisheit des Allwissens in Frage zu stellen«, sagt Gronar. »Aber es hat sich auf diesen Frachter bezogen. Das Shuttle, mit dem Marchenko unterwegs ist, ist wesentlich leistungsfähiger. Wir brauchen bloß unseren Freund wiederzufinden, und schon ist unsere Rückkehr zur Majestätischen Dracht gesichert.«

»Und wenn wir ihn nicht finden, General?«

»Dann wird uns etwas anderes einfallen.«

Dunkelnacht 25, 3890

Es geht abwärts. Die Bewegung Richtung Oberfläche ist kaum zu spüren. Sie reiten auf dem Triebwerksstrahl, und zwar so gleichmäßig, dass kaum G-Kräfte auftreten. Umso mehr bemerkt Adam, wie heftig die Atmosphäre sie durchschüttelt. Die Luft ist um etwa ein Drittel dichter als auf der Erde, schon deshalb haben die Windströmungen mehr Kraft, und außerdem können sie um die ganze Planetenkugel toben, ohne von irgendwelchen Hindernissen aufgehalten zu werden. Es ist, als würde der 500 km/h schnelle Jetstream der Erde dicht über die Oberfläche rasen, fünfmal schneller als ein Orkan.

Dass sich unter diesen Bedingungen Leben entwickeln konnte, ist kaum vorstellbar. Vielleicht wurde Marchenko ganz einfach vom Wind erfasst und weggeweht? Aber sein Körper hat die Form eines massiven Roboters, und auch der Grosnopf in seiner Begleitung müsste stark genug sein, um am Boden überleben zu können. Er selbst ist da deutlich gefährdeter. Er wird auf die Hilfe von Gronar, Numbark und Loknor angewiesen sein. Wie konnte er sich nur einbilden, diese Rettungsmission ganz allein durchziehen zu können?

»Noch 100 Meter«, sagt Numbark.

Die Grosnopfe sind wirklich beeindruckend. Nur seinetwegen verwenden sie sogar menschliche Maßeinheiten. Sind sie wirklich so nett oder betrachten sie ihn vielleicht als nützlichen Idioten, der ihnen bei der Verwirklichung ihrer eigenen Pläne hilft? Nein. Er muss ihnen vertrauen. Gronar hat längst bewiesen, dass er mit offenen Karten spielt.

Aber Gronar hat auch angedroht, Ragnor zu töten, den Schlüpfling, der eigentlich nicht leben darf und sein Leben Eva zu verdanken hat. Er hat es nicht mit Menschen zu tun, das darf er nicht vergessen.

»50 Meter.«

Adam schaltet den Bildschirm auf Außenansicht um, aber es ist nichts zu sehen. Das ändert sich auch in 30 Metern Höhe nicht, und nicht einmal in zehn Metern ist irgendetwas zu erkennen.

Der Frachter landet. Das Triebwerk heult noch einmal auf, dann ist es still. Zum Glück weiß es nicht, dass es nie wieder feuern wird. Das Schiff tut ihm irgendwie leid. Es hat sein Bestes getan, sie hierherzubringen, und nun sitzt es auf dem Planeten fest. Er verscheucht den Gedanken. Jetzt scheint faseriges Material vor der Außenkamera vorbeizuwehen. Das ist interessant. Der Planet teilt seine ersten Geheimnisse mit ihnen.

»Sehen wir mal nach, was uns draußen erwartet«, sagt Gronar und steht auf.

Bei seinen letzten Worten bekommt Adam Gänsehaut. Was sollte denn da schon auf sie warten? Es war ein Fehler, mit dem Frachter zu landen. Hier gibt es nichts außer Dunkelheit und jeder Menge Wind. Aber jetzt müssen sie Marchenko aufspüren, ihn und sein Shuttle. Sonst werden sie alle zusammen auf diesem lebensfeindlichen Planeten sterben.

16 Prozent Sauerstoff und 5 Prozent Wasserdampf zeigt das Messinstrument an seinem Arm. Der große Rest ist Stickstoff, hinzu kommen ein paar Spuren exotischerer Gase. Atembar ist die Mischung, aber Adam ist trotzdem froh, sich für den Raumanzug entschieden zu haben. Denn die Luft ist heiß, 45 Grad Celsius, das hält er nur dank der integrierten Kühlung für längere Zeit aus. Seinen Begleitern scheint das feucht-heiße Klima zu gefallen.

»Soll ich dich mitnehmen?«, fragt Gronar.

Der General steht ganz vorn auf der kleinen, terrassenartigen Plattform, die nach der Landung an der Ausstiegsluke ausgeklappt wurde.

»Danke, ich nehme die Leiter«, sagt Adam.

Er zeigt auf ihre obersten Sprossen gleich neben der Plattform.

»Auf meinem Rücken geht es schneller«, sagt Gronar. »Du kannst mir vertrauen, meine Beine sind stark.«

»Ich weiß. Trotzdem mache ich es lieber auf meine Art.«

»Wie du willst.«

Gronar dreht sich um und lässt sich fallen. Drei Sekunden später ist ein dumpfer Laut zu hören.

»Alles gut«, sagt Gronar per Funk, und Numbark und Loknor folgen ihm.

Adam ist allein. Er blickt sich um, doch er sieht so gut wie nichts. Er kann nicht einmal abschätzen, wie weit die Sicht reicht, denn außer ihrem Raumschiff scheint es hier nichts zu geben. Er schaltet auf den Infrarot-Visor um und sieht die drei Grosnopfe, die wild herumspringen. Sie genießen die unbegrenzte Weite. Es muss hart für sie sein, sich im Raumschiff nie richtig bewegen zu können. Adam hält sich an der obersten Sprosse der Leiter fest und beginnt den Abstieg.

Die Leiter hat exakt 30 Sprossen. Adam hat unwillkürlich mitgezählt. Der Moment, in dem sein Fuß zum ersten Mal festen Boden berührt, erschreckt ihn. Er bleibt sofort bewegungslos stehen und lässt den Fuß dabei ohne Gewicht auf dem Boden. Es ist alles gut, Adam. Gronar und die anderen hüpfen fröhlich herum, da wird dich der Boden wohl kaum verschlucken.

Er ist gerade dabei, den Fuß langsam stärker zu belasten, da reißt ihn plötzlich etwas von hinten weg. Er fliegt durch die Luft. Adam will schon die Augen schließen, weil er sein Ende erwartet, da spürt er durch den Raumanzug hindurch sieben Finger, die sich in seine Seite krallen.

»Mensch, Gronar, lass das!«, schimpft er.

»Ich bin aber gar kein Mensch.«

Gronar setzt ihn sanft auf dem Boden ab. Adams Knie sind etwas wackelig, aber er steht wirklich sicher.

»Der Boden scheint fest zu sein«, sagt Adam.

Neben ihm landet ein zweiter Grosnopf. Es ist Numbark.

»General, es gibt da ein kleines Problem«, sagt er.

Adam dreht sich zu Numbark, sodass das Licht seines Helmscheinwerfers auf ihn fällt. Der Grosnopf ist fast bis zur Magenfalte schwarz.

»Was ist dir denn passiert?«, fragt Gronar.

»Nicht nur mir, auch Loknor«, sagt Numbark. »Er wartet dort vorn auf uns.«

Numbark zeigt vom Raumschiff aus weg und geht voran. Sie folgen ihm. Mit jedem Schritt verändert sich der Boden ein wenig. Zunächst wird er elastischer, als würden sie auf der Außenseite eines Luftballons laufen, dann jedoch wird er weicher, etwa wie Leder, und schließlich eher wie Sand.

Dahinter beginnt die Vegetation. Das ist doch nicht zu fassen! Der Boden ist von zarten Ranken bedeckt, die wild durcheinander wachsen und etwa 30 Zentimeter Höhe erreichen.

»Das ist ja spannend«, sagt Adam, bleibt stehen und hockt sich hin.

Er berührt die Ranken mit dem Handschuh. Sie sind ziemlich trocken. Wenn er sie biegt, brechen sie. Das kann nicht normal sein, denn sonst müsste er ja viel mehr abgebrochene Äste hier herumliegen sehen. Vermutlich sind diese hier abgestorben.

»Das Unkraut hier meine ich nicht«, sagt Numbark. »Kommt weiter.«

»Das ist eine tolle Entdeckung«, sagt Adam. »Wir müssen lebende Pflanzen finden.«

»Ja, kein Problem, da vorn.«

Er steht wieder auf und rennt Numbark und Gronar hinterher. Mit einem Mal hat er Angst, sie könnten ihn alleinlassen. Sicherheitshalber schaltet er auf Infrarot um. Heißer Nebel wabert rot durch das Bild, aber seine Gefährten sind nicht weit weg.

»Da kommst du ja endlich«, sagt Gronar.

Adam sieht sich um. Was soll es hier Großartiges zu sehen geben? Sein Blick fällt auf Loknor, der ebenfalls bis zum Bauch schwarz ist. Er versucht, sich mit allen vier Händen zu reinigen.

»Das Zeug geht wirklich schwer ab«, kommentiert er.

»Und was habt ihr nun entdeckt?«, fragt Adam.

»Geh einfach ein paar Schritte in diese Richtung«, sagt Numbark und zeigt nach vorn.

Adam sieht ihn ungläubig an.

»Keine Sorge, dir passiert nichts. Wir waren nur etwas

unvorsichtig. Aber wenn du ganz normal gehst, wirst du es rechtzeitig bemerken.«

Adam atmet tief durch. Vorsichtig macht er einen Schritt, dann den nächsten. Jedes Mal hält er kurz inne und beobachtet die Umgebung. Mögen die Grosnopfe doch lachen. Er hat in seinem Leben schon genügend Dummheiten gemacht, damit ist Schluss. Das krautartige Gewächs, das den Boden bedeckt, scheint zunehmend elastischer zu werden. Es bricht nicht mehr so schnell unter seinen Schritten. Hinter ihm richtet es sich von selbst wieder auf. Er hockt sich hin und berührt es. An einigen der Ranken haben sich feine Tautropfen abgesetzt. Adam kontrolliert die Daten der Atmosphäre. Die Temperatur liegt immer noch bei 42 Grad, und auch der Wasserdampf ist noch da.

Der Boden aber verändert sich. Jetzt sinkt er bei jedem Schritt ein kleines Stück ein. Adam sieht hinter sich und findet die Abdrücke seiner Sohlen. Er bückt sich erneut. Der Boden ist nicht mehr gummiartig, sondern lässt sich mit dem Finger verschieben. Er schafft es, ein paar Krümel aufzuheben. Er verreibt sie zwischen Daumen und Zeigefinger, und dunkler Staub rieselt in seine Handfläche. Er führt eine Spektralanalyse durch. Das Ergebnis ist erstaunlich: Die Masse, die er für schwarz gehalten hat, ist in Wirklichkeit violett, und die frischen, weichen Ranken sind braun.

Was bedeutet das? Er bräuchte einen Biologen. Marchenko hätte bestimmt eine Idee, oder Eva, die sich auch sehr für alles Lebendige interessiert. Weiter! Er spürt den Blick der Grosnopfe in seinem Rücken, drei Augen, die jede seiner Bewegungen beobachten. Der Boden wird nun mit jedem Schritt weicher. Die zunächst zähe Masse weicht einem dickflüssigen Brei, und seine Stiefel sinken mit jedem Schritt tiefer darin ein. Es sind vielleicht ein oder zwei Zentimeter, aber der Trend ist klar. Haben sich Numbark und Loknor ihre schwarzen Sprungbeine hier geholt? Er muss sich vorsehen. Sollte er so tief einsinken wie die beiden, dann wird er sich nicht mehr selbst befreien können.

Das reicht jetzt. Der Schlamm auf dem Boden ist nun fünf Zentimeter tief. Es ist richtig anstrengend, darin zu gehen, weil die Masse seine Stiefel festhält. Er hat jetzt verstanden, was hier vor sich geht. Er dreht sich um und fällt fast um vor Schreck. Das fehlte noch, rückwärts in den schwarzen Brei zu stürzen! Seine Begleiter stehen direkt hinter ihm, und er hat nichts davon gemerkt.

»Du kein guter Jäger«, sagt Loknor.

»Das stimmt. Aber dafür weiß ich, was hier los ist.«

»Dann raus mit der Sprache«, sagt Gronar.

»Ich wette, dass der ganze Planet mit diesem Schlamm bedeckt ist«, sagt Adam. »Und dass das Kraut überall wächst. Es gibt keinerlei Geländeunterschiede, und die Luftströmungen wehen so schnell, dass sie die Temperaturdifferenzen zwischen Tag- und Nachtseite komplett ausgleichen. Also gibt es keinen Bedarf für ein differenziertes Ökosystem. Das Kraut dürfte die planetenumspannend einzige Form höheren Lebens sein.«

»Du meinst, es gibt hier nur eine Lebensform?«

»Nein, es gibt sicher so etwas wie Bakterien oder Pilze, aber die finden wir nur unter dem Mikroskop.«

»Und warum ist der Boden weiter vorn so hart?«, fragt Numbark.

»Weil wir darauf gelandet sind. Der heiße Triebwerksstrahl hat die Pflanzen verbrannt und den Boden versiegelt. Mit einem Feuerzeug könnten wir das leicht testen. Wir bräuchten damit nur den Boden zu erhitzen.«

»Das klingt nachvollziehbar. Hilft uns das dabei, Marchenko zu finden?«, fragt Gronar.

»Ich wüsste nicht, wie«, sagt Adam.

»Dann setzen wir den ursprünglichen Plan um und untersuchen die Spuren, auf die du auf dem Foto gestoßen bist«, sagt Gronar. »Los, gehen wir.«

Der General zeigt in die Richtung, in der Adam das Schiff vermuten würde. Natürlich ist es zu dunkel, den Frachter erkennen zu können. Adam schaltet auf Infrarot um. Mist, eine Wasserdampfwolke muss zwischen sie und das Schiff gezogen sein, denn er erkennt auf dem Bild nur ein heißes Rauschen.

NACH 50 METERN BLEIBT GRONAR, DER DIE KLEINE Gruppe anführt, stehen. Was hat er?

»Täusche ich mich«, sagt Gronar, »oder müssten wir das Schiff nicht längst wieder erreicht haben?«

Numbark zieht einen Beutel aus seiner Magenfalte und entnimmt ihm ein technisches Gerät, etwa so groß wie ein Buch. Dann drückt er darauf herum. Danach hält er es dicht über den Boden und dreht sich einmal um seine Achse, und schließlich wiederholt er den Vorgang mit ausgestreckten Armen über seinem Kopf. Numbark betrachtet das Gerät.

»Der Spürer sagt, dass wir nicht ganz aus der Richtung zurückgekehrt sind, in die wir uns entfernt haben. Aber trotzdem müssten wir dann vor dem Raumschiff stehen.«

»Eben«, sagt Gronar. »Aber siehst du hier etwas?«

»Wie funktioniert der Spürer?«, fragt Adam.

Er braucht jetzt dringend Ablenkung. Er will nicht darüber nachdenken müssen, was …

»Wie ein Riechorgan«, erklärt Numbark. »Jedes Lebewesen hinterlässt dauernd spezifische Spuren. Das Gerät misst die Konzentrationsunterschiede.«

Danke, mein Freund, denkt Adam.

»Wie ein Hund«, sagt er und stellt sich einen süßen Welpen vor, wie er ihn von den Bildern kennt, die Marchenko ihnen damals gezeigt hat.

»Ein Hund?«

»Ein Tier auf der Erde«, sagt Adam.

Er wird wohl niemals einen echten Hund streicheln.

»Aaszähne spüren in den dunklen Tiefen der Meere so ihre Beute auf«, erklärt Numbark.

»Konzentrieren wir uns doch bitte auf das, was hier passiert«, sagt Gronar.

Das Schiff ist verschwunden. Das ist passiert. Ohne das Schiff geht seinem Raumanzug in spätestens einem Tag die Energie aus. Die Luft enthält zwar genug Sauerstoff und Wasser, aber er wird an der Hitze zugrundegehen. Und selbst wenn er die aushält, wird er verhungern. Er wird auf diesem Planeten sterben. Aber eigentlich war ihm das ja klar gewesen. Er hatte es einberechnet. Nur deshalb hatte er Eva nicht mitgenommen. Die Panik zieht sich zurück. Er ist jetzt ganz ruhig.

Adam schaltet den Visor auf Infrarot um. Sie sind allein. Da ist kein Schiff. Aber vor ihnen zeichnet sich ein heller, runder Fleck ab.

»Dort ist die Landefläche«, sagt Adam und zeigt nach vorn.

»Stimmt«, sagt Numbark, »der Boden ist noch heiß.«

»Schiffe können nicht einfach verschwinden«, sagt Gronar. »Wir hätten bemerkt, wenn es ohne uns gestartet wäre. Nach oben kann es nicht verschwunden sein. Also gibt es nur eine mögliche Schlussfolgerung.«

»Der Boden muss den Frachter verschluckt haben«, sagt Numbark.

»Dann sehen wir zu, dass wir ihm das Schiff wieder abringen«, sagt Gronar.

Der General stellt sich breitbeinig in die Mitte des hellen Flecks. Dann schlägt er mit seinen Tragarmen auf den Untergrund ein. Es hört sich an wie ein nahes Gewitter. Gronar trommelt etwa eine Minute lang. Dann betrachtet er das Ergebnis seiner Arbeit.

»Das bringt uns nicht weiter«, sagt er.

Adam kniet sich hin und untersucht den Boden. Wo Gronar getrommelt hat, ist er jetzt noch fester als im Umkreis.

»Deine Schläge haben dazu geführt, dass sich so etwas wie Hornhaut gebildet hat«, sagt Adam. »Mit Belastung machen wir den Boden bloß widerstandsfähiger.«

»Habe Schneideisen«, sagt Loknor und zieht ein etwa 30 Zentimeter langes Messer aus seinem Rucksack.

»Versuch dein Glück«, sagt Gronar.

Der General tritt zur Seite, und Loknor stellt sich in die Mitte des Kreises. Er hantiert am Griff seines Messers, und es beginnt zu summen. Dann setzt er die Spitze auf den Boden und drückt das vibrierende Messer nach unten. Es dringt bis zum Heft in den zähen Boden ein. Am Rand des dabei entstehenden Loches dringt schwarze, dünnflüssige Masse nach außen.

»Sieht gut aus«, sagt Numbark. »Dem Messer ist der Boden nicht gewachsen.«

Loknor verlagert sein Gewicht auf eine Seite des Messers und zieht daran. Offenbar will er den Schnitt vergrößern. Der Dosenöffner steckt in der Dose, nun muss er ihn einmal rundherum bewegen. Dann finden sie unter dem Deckel vielleicht ihr Schiff.

Der Grosnopf ächzt, aber das Messer bewegt sich nicht.

»Warte, ich helfe dir«, sagt Numbark.

Bald zerren sie zu dritt, aber ohne Erfolg.

»Das Zeug ist ziemlich hartnäckig«, sagt Gronar. »Mit

dem Schneideisen hast du es wohl überrascht, Loknor, aber dann hat es sich sehr schnell angepasst.«

»Könnte es intelligent sein?«, fragt Numbark.

»Bisher deutet nichts darauf hin«, sagt Gronar. »Bei einer Kraft eine Gegenkraft aufzuwenden, ist reiner Instinkt.«

»Aber so schnell?«

»Aaszähne sind auch nicht intelligent, Numbark, sie haben aber einen verdammt schnell arbeitenden Jagdinstinkt. Sie kooperieren sogar.«

»Dass wir überhaupt hier landen konnten, haben wir vielleicht ebenfalls diesem Instinkt zu verdanken«, sagt Adam. »Der Boden könnte sich stabilisiert haben, um der Hitze des Triebwerkstrahls etwas entgegenzusetzen. In dem schwarzen Schlamm wären wir ja sonst sofort versunken.«

»Und als das Schiff dann gelandet und nicht mehr gefährlich war, hat sich der Boden wieder in schwarzen Morast verwandelt, bis er den Frachter geschluckt hat«, sagt Numbark.

»Hm, und warum ist er dann jetzt wieder so fest wie vorher?«, fragt Adam. »Da steckt mehr dahinter. Dieses System ist zwar erst 700 Millionen Jahre alt, aber wer weiß, wie lange der Planet schon von dieser Art Leben bedeckt ist? Die Oberfläche könnte bereits extrem mineralstoffarm sein. Vielleicht ernährt sich ja das gesamte Ökosystem von dem, was hier vom Himmel kommt? Durch die geringe Entfernung zu den Asteroidengürteln müsste es hier deutlich öfter zu Meteoritenschauern kommen.«

»Das ist eine interessante Theorie«, sagt Gronar, »aber hilft sie uns irgendwie?«

Immer diese rhetorischen Fragen.

»Natürlich. Wenn das stimmt, fängt der Planet jetzt an,

unser Schiff zu verdauen«, sagt Adam.

»Dann wir graben schnell aus«, sagt Loknor.

»Du hast es doch gerade erfolglos versucht«, sagt Numbark.

»Ich habe bessere Idee. Dort hinten«, Loknor zeigt nach Westen, »ist Boden weich. Wir bohren Tunnel.«

»Dazu müssten wir uns tief in den Schlamm sinken lassen«, sagt Adam.

»Ist nicht gefährlich. Du hast Raumanzug, wir nicht atmen für lange Zeit.«

»Ich halte das für Zeitverschwendung«, sagt Gronar. »Was sollen wir mit dem Frachter? Er bringt uns sowieso nicht mehr von hier weg. Besser, wir suchen nach Marchenko und seinem Shuttle.«

»Na, anscheinend hat sich Marchenko ja mitsamt seines Transportmittels verschlucken lassen«, sagt Adam. »Wahrscheinlich verdaut ihn der Planet gerade.«

»Dann finden wir ihn besser schnell.«

In dem Moment, als sie sich auf den Weg machen, reißen die Wolken am Himmel auf und geben den Blick frei auf die hiesige Sonne. Zum ersten Mal trägt der Braune Zwerg seinen Namen zurecht. Statt rot, wie im All, leuchtet er nun bräunlich. Der Himmel hingegen hat einen intensiven, aber schmutzigen Gelbton. Sie befinden sich etwa in den mittleren Breiten. Der Zentralstern nimmt hier einen großen Teil der östlichen Himmelssphäre ein. Wie damals Proxima b wird er seine Position nie verändern. Aber Adam fühlt sich hier trotzdem furchtbar fremd. Der Planet scheint nicht für Leben geschaffen zu sein, und doch treten sie die ganze Zeit darauf herum.

Nach kurzer Zeit machen sie halt, weil der Boden zu

weich wird.

»Es sind noch etwa zwei Kilometer bis zu der Spur von Marchenkos Landung«, sagt Numbark.

»Hätten wir nicht näher am Ziel herunterkommen können?«, fragt Gronar.

Numbark zuckt zurück. Wahrscheinlich hat Gronar ihn sehr brüsk angesprochen. Adam bekommt das noch nicht so gut mit.

»Wir haben diesen Landeort mit ausreichendem Abstand gewählt, um niemanden in Gefahr zu bringen«, sagt Numbark.

»Entschuldige, Numbark, ich erinnere mich jetzt selbst wieder an die Entscheidung. Aber wie kommen wir nun an unser Ziel?«

»Schneeschuhe«, sagt Adam.

»Was ist Schnee?«, fragt Gronar.

»Gefrorenes, pulverförmiges Wasser. In einem Film, den ich mit Marchenko gesehen habe, sind Menschen mit speziellen, übergroßen Schuhen über Schnee gelaufen.«

»Das ist nun gerade nicht unser Problem. Wir haben hier 44 Grad und jede Menge Wasserdampf.«

»Ich glaube, ich weiß, worauf du hinauswillst, Adam«, sagt Numbark. »Wir verteilen unser Gewicht auf eine größere Fläche, dann sinken wir nicht so schnell ein.«

»Genau«, sagt Adam.

»Aber woraus stellen wir diese Schneeschuhe her?«, fragt Gronar.

»Wir bräuchten etwas Hartes, Flaches«, sagt Adam.

»Im Frachter haben wir genügend Material«, sagt Numbark. »Wir könnten einfach die Deckenverkleidung abnehmen.«

»Aber der Frachter ist doch gar nicht mehr da«, sagt Gronar.

»Und zwei Kilometer durch den Schlamm, dafür brauchen wir Wochen«, sagt Numbark.

Gronar dreht sich um.

»Ich fürchte, du hast recht, Steuermann«, sagt er. »Wir müssen zuerst zum Frachter. Ich werde mich in seiner Nähe in den Schlamm sinken lassen, und dann lotst ihr mich per Funk zu dem Schiff. Es steckt bestimmt unter der harten Haut.«

Im Frachter gibt es Energie und Nahrung. Am besten, er bittet Gronar, ihm etwas mitzubringen. Aber wie lange wird so ein Ersatz-Akku halten? Es wird sein Leben nur unwesentlich verlängern können.

»Ich übernehme das«, sagt Adam. »Es wird Zeit, dass ich mich auch mal nützlich mache. Mein Körperprofil ist schmaler als deines, sodass ich vermutlich leichter durchkomme.«

»Sehr gut«, sagt Gronar anerkennend.

»Außerdem kann ich im Frachter meinen Anzug aufladen und Nahrung einpacken«, sagt Adam. »Auf einen so langen Ausflug war ich nicht vorbereitet.«

Worauf hat er sich da eingelassen? Langsam versinkt er im schwarzen Morast. Gronar hält ihn an einem seiner langen Tastarme, sonst würde er noch schneller untergehen. Immerhin ist klar, dass sie auf normalem Weg nie und nimmer die zwei Kilometer bis zu Marchenkos Landestelle zurücklegen können. Adam bewegt seine Schultern. Das Kabel, seine Rettungsleine, hält straff dagegen. Numbark gibt auf sie acht. Die Leine ist seine einzige Verbindung zur Oberfläche, daran können sie ihn wieder herausziehen, wenn es notwendig werden sollte – und wenn ihn der Schlamm wieder hergibt.

Seine Hüfte steckt im Matsch. Adam reckt seine Arme

nach oben. Aber das ist Unsinn. Er muss komplett untergehen. Am besten, er hält die Arme dicht am Körper. So kann er sie vielleicht für die Vorwärtsbewegung nutzen. Das wird der schwierigste Teil. Sie haben sich überlegt, dass er in der zähen Flüssigkeit eigentlich schwimmen können müsste – langsam vielleicht und mit viel Anstrengung, aber bis zum Frachter können es ja auch nur 50 oder 60 Meter sein. Außerdem haben sie sich darauf geeinigt, dass er nicht endlos tief sinken wird. Irgendwann muss der Auftrieb so groß werden, dass er ihn in einer bestimmten Tiefe hält. Der Anzug mit seinen technischen Geräten ist ziemlich schwer, aber der Schlamm ist auch sehr dicht, sodass das verdrängte Volumen schwerer und der Auftrieb damit größer ist als bei normalem Wasser.

Aber das sind Überlegungen, Theorien. Dass ihm der Schlamm schon bis zur Brust reicht, ist die Wirklichkeit. Sein Atem beschleunigt sich. Bald wird er sehen, ob ihre Gedanken korrekt waren. Hoffentlich ist es dann nicht zu spät. Nein, es wird nicht zu spät sein. Gronar und die anderen können ihn am Kabel stets wieder herausziehen. Und nein, das Seil besteht aus Metallfasern. Der Boden wird es nicht so schnell verdauen können. In ein paar Stunden ist er hier wieder raus, und zwar mit frischen Lebensmitteln und einem komplett aufgeladenen Anzug.

Der Kopf. Wenn er doch wenigstens den Kopf draußen halten könnte! Der Schlamm breitet sich bereits um seinen Hals aus. Er spürt ihn trotz des Helms, den er trägt, und der nahtlos mit dem oberen Teil des Anzugs verbunden ist. Es ist alles im Kopf, in seinem Kopf. Schon immer war es so.

»Geht es dir gut?«, fragt Gronar per Funk.

»Ja.«

»Gut. Ich lasse dich jetzt los.«

Adam atmet noch schneller. Er darf nicht hyperventilieren. Wenn er dadurch das Bewusstsein verliert, merkt er nicht, dass er zu tief sinkt. Bleib ruhig, Adam. Die anderen sind dicht über dir. Die Dunkelheit steigt immer höher. Sie bedeckt erst den Mund, dann die Nase und schließlich die Augen. Der Helm schützt ihn zwar vor dem direkten Kontakt mit dem Schlamm, doch die Dunkelheit lässt er herein.

Sie ist vollkommen. Er hatte gedacht, auf diesem Planeten sei es dunkel, aber das war ein Irrtum. Dunkel ist es nur hier unten, ganz ohne Licht.

»Du bist jetzt etwa einen Meter tief«, sagt Gronar.

Dazu blinkt ein Lämpchen in seinem Helm. Sprich weiter, mein Freund, sprich weiter. Immer, wenn du redest, verbreitet die Signallampe Licht.

»So tief schon?«, fragt er.

»Noch nicht tief genug. Wir hatten drei Meter ausgerechnet, erinnerst du dich?«

Ja, Gronar, ich erinnere mich, aber drei Meter sind gerade unvorstellbar. Eine so dicke Schicht Schlamm über mir! Wie lange wird es dauern, bis mir jemand helfen kann, wenn etwas passiert? Es wird nichts passieren, Adam. Er redet mit sich wie mit einem kleinen Kind.

Dann versucht er es mit den ersten Schwimmbewegungen, wie sie es besprochen hatten. Es ist anstrengend, die Arme nach vorn zu bringen. Aber er bewegt sich. Es klappt!

»Habt ihr das gesehen?«, fragt er.

Die anderen verfolgen ihn von oben per Infrarot. Niemand weiß, bis in welche Tiefe sie ihn sehen werden. Der Frachter liegt jedenfalls außer Sichtweite. Adam zieht kurz am Kabel, und Numbark antwortet ebenso. Einmal ziehen, das gilt als kurzer Gruß. Dreimal hintereinander, Pause, dann noch dreimal, das ist sein Notruf. Er wird ihn nicht brauchen.

»Du bist fünf Fingerbreit vorangekommen«, sagt Gronar.

Das sind etwa fünf Zentimeter, quasi nichts, aber immerhin der erste Teil der Strecke.

»Jetzt sehen wir dich nur noch schemenhaft«, sagt Numbark.

Auf diese Information hätte er verzichten können. Er bewegt erneut seine Arme. Dann setzt er auch die Beine ein.

»Das waren so etwa zehn Fingerbreit«, kommentiert Gronar.

Macht fünfzehn. Er wird es schaffen. Die Dunkelheit lastet schon gar nicht mehr allzu sehr auf ihm. Er fühlt sich wie in einer besonderen Variante des Universums, einer Version ohne Sterne, in der das Vakuum eine besonders hohe Dichte hat. Solche Universen könnte es geben. Und wenn die Multiversums-Theorie stimmt, gibt es solche Welten auch ganz sicher. Aber vielleicht existieren hier ja doch Sterne, und er kann sie nur nicht sehen, weil die Dunkelheit so intensiv ist.

Arme vor, Arme zurück. Er rudert mit dem ganzen Körper. Für jeden Schwimmzug braucht er drei Minuten. Aber es sind ja auch nur 50 Meter, höchstens 60.

»Wir können dich von oben nicht mehr sehen«, sagt Numbark. »Aber die Richtung hat zuletzt noch gestimmt. Halte die Leine immer schön straff, dann sehe ich, falls du uns auf Abwege gerätst.«

Die Leine ist mehr als seine Lebensversicherung. Wenn er sie straff hält, kann Numbark ungefähr erkennen, in welche Richtung er sich bewegt. In der Dunkelheit kommt man allzu leicht vom Weg ab.

Schwimmen, schwimmen, schwimmen. Adam schwimmt gleich doppelt. Sein Körper badet in seinem Schweiß. Der Anzug kann die Wärme nicht so gut abführen wie im Freien. Das ist ein Problem, an das sie nicht gedacht haben. Adam hatte sich keine große Mühe gegeben, an sämtliche möglichen Probleme zu denken. Sonst wäre er niemals in den Schlamm gestiegen, und das war nun einmal die vernünftigste Entscheidung. Hier unten stört die große Leibesfülle der Grosnopfe mehr, als sie nutzt.

»30 Meter«, sagt Numbark. »Jetzt hast du auf jeden Fall die Hälfte geschafft.«

Das ist eine gute Nachricht, aber Adam kann sich nicht so recht darüber freuen. Die anstrengende Fortbewegung und die mangelnde Wärmeabfuhr haben ihn derart schwitzen lassen, dass Wasser in seinem Helm schwappt. Adam muss den Mund geschlossen halten, um nicht dauernd seinen Schweiß zu schlucken. Er hat schon überlegt, die Flüssigkeit zu trinken. Aber sie schmeckt sehr salzig. Gronar hat davon abgeraten.

Adam bleibt stehen. Er könnte kurz die Befestigung des Helms am Unterteil lösen. Das Wasser müsste dann eigentlich hinausfließen, der Schwerkraft folgend. Oder nicht? Gronar wird ihm abraten. Er hebt die rechte Hand zum Hals und löst die erste Schraube. Was ist mit dem Druck des Schlamms? Könnte es auch passieren, dass nicht das Wasser hinaus-, sondern der Schlamm hineinfließt? Das ist zu gefährlich. Er saugt am Trinkrohr. Das Wasser daraus ist angenehm kühl. Dann schiebt er den Schlauch mit der Zunge aus dem Mund. Bevor er den Schlamm noch in den Helm bekommt, versucht er es doch lieber anders. Er hat keine Wahl. Er dreht den Kopf, bis das Wasser in seinem Helm ihm über das Gesicht läuft. Dann fängt er mit Mund und Zunge auf, was er erreichen kann, und schluckt es herunter. Er wiederholt die Prozedur, dann saugt er schnell etwas Wasser aus dem Trinkrohr, um den ekligen Geschmack loszuwerden.

Ungesund kann das eigentlich nicht sein. Alles Salz, das sich im Wasser befand, hat er ja vorher ausgeschwitzt. Er wartet trotzdem auf die Übelkeit, aber sie bleibt aus.

»60 Meter«, sagt Numbark. »Gleich hast du es geschafft!«

Das wäre schön. Müsste es nicht irgendwelche Anzeichen dafür geben? Adam ist erschöpft. Die 60 Meter im Schlamm kommen ihm vor wie 10 Kilometer im Wasser.

»Ich sehe noch nichts«, sagt er.

»Vermutlich wirst du auch nichts sehen«, sagt Gronar. »Der Frachter ist ja einfach so in den Schlamm gesunken, wie du auch.«

»Und wie merke ich dann, dass ich da bin?«

»Du stößt mit den Händen auf etwas Hartes. Das kann dann nur der Frachter sein.«

»Dann bin ich wohl noch nicht da.«

»Numbark, wie weit?«, fragt er.

»72 Meter.«

»Wie lang ist die Leine?«

»Die ist 100 Meter lang, also bestimmt ausreichend. Mach dir keine Sorgen, Adam. Du hast es gleich geschafft.«

»Das glaube ich schon seit zwölf Metern.«

Adam seufzt. Die Flüssigkeit im Helm hat sich längst erneuert. Er muss aufpassen, dass er das salzige Zeug nicht in die Augen bekommt. Er greift mit der rechten Hand nach vorn und zieht sie zurück – der nächste Schwimmzug, immer einer nach dem anderen.

Dann greift seine linke Hand ins Leere. Er kann gar nicht glauben, was da passiert. Seine Sinne spielen ihm einen Streich. Hier gibt es keine Leere, nur Schlamm.

Aber das stimmt nicht. Auch die rechte Hand trifft auf eine Öffnung, oder eine kleine Höhle. Er schiebt sich mit den Beinen nach vorn und stolpert beinahe, als sein ganzer Körper ins Freie tritt. Der Schlamm will ihn nicht so einfach freigeben, aber schließlich schafft er es, sich von ihm zu befreien. Er hat etwas erreicht. Er weiß nur nicht, was.

»Ich bin irgendwo«, sagt er per Funk.

»Wo denn?«, fragt Gronar.

»Ich weiß nicht. Ich sehe nichts.«

»Funktioniert die Helmlampe nicht mehr?«

Natürlich, er kann ja das Licht anschalten. Adam bewegt das Kinn zu dem Taster im Helm. Der Lichtstrahl fällt auf eine Wand aus Schlamm, vielleicht acht bis zehn Meter vor ihm. Adam leuchtet um sich herum. Er befindet sich in einer kleinen Höhle. Ihr Boden scheint fest zu sein. An ihren Wänden sickert Schlamm herunter, so wie an seinen Gliedmaßen. Er trieft vor Schlamm. Aber da ist noch etwas. Er tritt näher, um es zu betrachten. Es sieht aus wie eine Art Baumstamm, der sich nach unten hin verjüngt. Der Stamm reicht vom Boden bis zur Decke. Er endet in vielen kleinen Ästen, die wie dickere Formen des Krauts an der Oberfläche aussehen. Die Äste stützen etwas, das ihm bekannt vorkommt. Es hat eine zylindrische Form, und die Äste winden sich darum.

»Ich habe den Frachter gefunden«, sagt er und lächelt unwillkürlich.

»Das ist großartig«, sagt Gronar. »Kannst du ihn

fühlen?«

»Nein, ich sehe ihn. Er liegt in der Krone eines Baumes, dessen Äste ihn umschlingen. Unter ihm hat sich eine Höhle gebildet. Vermutlich schirmt der Frachter sie wie ein Dach vor dem Schlamm ab.«

»Wie praktisch.«

Adam betrachtet den Baum. Er wird nach oben hin dicker. Seine Äste scheinen zu versuchen, das Raumschiff zu zerquetschen, um sich von seinen Säften zu nähren. Aber das sind gar keine Äste. Sie haben sich die ganze Zeit geirrt.

»Wisst ihr was? Das Kraut, das die Oberfläche bedeckt …«

»Ja?«, fragt Gronar.

»Es ist nicht die Lebensform dieses Planeten.«

»Sondern?«

»Was wir sehen, sind bloß die Wurzeln. Sie ragen in die Atmosphäre, wo es Wasser und andere Stoffe gibt, die diese Pflanzen, oder wie man sie nennen mag, benötigen. Ihre Energie hingegen beziehen diese Geschöpfe nicht von ihrem Stern. Der Braune Zwerg gibt viel zu wenig Energie ab. Die Pflanzen zapfen lieber das Innere ihres Planeten an, das durch die große Nähe zum Stern sehr viel Wärme produziert. Ich sehe hier den Stamm einer solchen Pflanze. Wenn wir ihn analysieren, stellen wir garantiert fest, dass er Wasser und Nährstoffe nach innen befördert.«

»Wenn das stimmt, Adam, hast du eine großartige Entdeckung gemacht: Bäume, die ins Innere ihres Planeten wachsen!«

Adam steht ganz ruhig da. Schlamm tropft von seinem Anzug, und der Schweiß im Helm stinkt inzwischen erbärmlich. Aber in diesem Moment ist er glücklich. Das Universum ist großartig, und die Wege, die das Leben findet, sind faszinierend.

Dunkelnacht 26, 3890

VIELLEICHT SOLLTE ER EINFACH HIERBLEIBEN. DAS Recyclingsystem des Frachters funktioniert so gut, dass dem Nahrungsbereiter nie die Rohstoffe ausgehen werden. Wasser und Sauerstoff bietet der Planet, und der Reaktor des Frachters wird zwar mit den Jahren an Leistung verlieren, aber für sein Überleben müsste sein Ausstoß genügen.

Adam schiebt den Gedanken beiseite. Das fällt ihm leicht, denn natürlich meint er ihn nicht ernst. Immer, wenn er auf eine seltsame Idee kommt, versucht er als erstes, sie zu verdrängen. Die Gedanken, die sich dagegen wehren, verdienen eine zweite Chance. Er steht auf und setzt seine Arbeit fort. Die anderen warten schon seit vielen Stunden auf ihn, und sie haben es nicht so gemütlich.

Drei Deckenplatten hat er bereits abgeschraubt. Er beschränkt sich auf Abdeckungen an der Seite der Kabine, denn die sind am größten. So ein Grosnopf wiegt bestimmt eine Vierteltonne. Diese Masse muss sich auf eine möglichst große Fläche verteilen. Die Platten sind etwa 150 mal 300 Zentimeter groß und an den Längsseiten leicht nach oben gebogen. Das hat den Vorteil, dass der

Schlamm nicht so schnell darüberschwappt. So große Sohlen werden sie sich nicht an die Füße schnallen können. Am besten, sie steigen auf die erste, legen die zweite vor sich ab, klettern hinüber und holen dann die erste nach vorn. So werden sie nicht besonders schnell vorankommen, aber sie werden Marchenkos Landegebiet sicher erreichen.

Die nächste Platte kommt ihm entgegen. Er fängt sie mit bloßen Händen auf und stellt sie ab. Das Material ist sehr leicht. Es muss sich um eine Titan- oder Aluminium-Legierung handeln. Adam wischt sich den Schweiß an der Hose ab und greift nach dem Schraubenschlüssel. Es tut gut, ohne Raumanzug zu arbeiten. Er fühlt sich frei, auch wenn er weiß, dass er oben erwartet wird.

Der Reißverschluss hakt. Adam öffnet ihn ein Stück, nimmt einen der braunen Riegel heraus und steckt ihn in den Mund. Jetzt lässt sich die Werkzeugtasche wieder schließen, die er als Vorratsbehälter missbraucht. Er zerkaut den Riegel, der leicht süßlich schmeckt und die höchstmögliche Konzentration an Kalorien enthält. Wer braucht schon Vitamine, wenn es ums Überleben geht? Dann spült er mit etwas Wasser nach.

»Es ist Zeit«, sagt er.

Seine Stimme hört sich dumpfer an als zuvor. Das muss daran liegen, dass die Kabinen-Verkleidungen fehlen und aus den Wänden nun Kabel und Rohre quellen. Der arme Frachter. Er hat schon überlegt, mit Hilfe der Triebwerke eine Befreiungsaktion durchzuführen. Aber wer weiß, wie die Schlammschicht auf die dabei entstehenden Kräfte reagiert. Womöglich würde sich rund um den Frachter eine harte Schale bilden, und er wäre für immer gefangen.

Adam bückt sich, hebt den Stapel mit den Abdeckungen hoch und lehnt ihn neben der Schleuse an die Wand. Dann drückt er den Öffnungsknopf. Die Schleusentür fährt zur Seite. Ein süßlich-fauliger Geruch dringt aus dem engen Raum, in dem sich eine rote Leuchte anschaltet. Mist, er hätte den Helm schon vorher aufsetzen sollen. Der Tote, den Gronar mitgebracht hat, zersetzt sich in der Wärme sehr schnell. Übelkeit steigt aus seinem Magen nach oben. Adam schließt den Helm und atmet die leicht metallisch riechende Luft aus der Konserve. Die Übelkeit zieht sich zurück, bevor er sich übergeben muss.

Während Adam die Abdeckungen in die Schleuse holt, bemüht er sich, die Leiche nicht anzusehen. Aber es gelingt ihm nicht. Die ehemals grüne, jetzt graue Haut wölbt sich. An einigen Stellen ist sie schon geplatzt. Er drückt den Schließknopf der inneren Tür und dreht sich weg. Aber der Tote ist immer noch da. Schnell drückt er den Knopf für die Außentür. Lass mich raus, Schleuse, bitte. Die schwere Tür rollt zur Seite, und er springt erleichtert in den hier kniehohen Schlamm, die Abdeckplatten in der Hand.

Mist, er hat die Leine vergessen. Ohne sie schafft er es nicht an die Oberfläche. Er hat sie in der Schleuse festgemacht, also stellt er die Platten ab und klettert noch einmal nach oben. In der Schleuse klinkt er die Leine aus der Öse neben der Tür aus und befestigt sie an seinem Gürtel. Dann dreht er sich noch einmal zu dem Toten um. Vermutlich ist er das letzte lebende Wesen, das ihn sehen wird.

»Mach's gut, Unbekannter«, sagt er.

Der Tote antwortet nicht, und ein bisschen ist Adam überrascht, was ihn amüsiert. Er ist schon zu lange hier unten. Er klettert aus der Schleuse. Seine Hand bewegt sich zum Schließknopf, doch er zieht sie wieder zurück. Es ist besser, wenn die Schleuse offen bleibt. Dann ist der Tote nicht so allein. Der Planet wird ihn zu sich holen und ihn in seine Einzelteile zersetzen, und irgendwann werden sich seine Moleküle in den Pflanzen hier wiederfinden. Vielleicht gelangen einige sogar in die Wurzeln, die an der Oberfläche, über dem Schlamm, bis in das Weltall schauen.

Es ist ein tröstlicher Gedanke. Auf ihn könnte ja ein ähnliches Schicksal warten. Aber durch die weltumspannende Vegetation, zu deren Teil er nach dem Tod zwangsläufig wird, wird er immer einen guten Blick auf den Kosmos haben.

»Gronar?«, ruft er ins Mikrofon.

»Wir sind hier und warten.«

»Ich bin so weit.«

»Das ist gut. Wir ziehen dich raus.«

DER RÜCKWEG IST WENIGER ANSTRENGEND ALS befürchtet. Adam hängt die Leine am Werkzeuggürtel in seinem Rücken ein. Rückwärts bewegt er sich auch in den Schlamm. Die Abdeckbleche hält er flach mit den Händen vor sich, sodass sie dem Schlamm nur ihren Querschnitt entgegenstellen.

»Es kann losgehen«, sagt er.

Über ihm ziehen jetzt drei starke Grosnopfe an dem Kabel. Hoffentlich reißt es nicht. Er spürt den Zug in seinem Rücken. Schwimmbewegungen sind diesmal nicht nötig. Die Kraft seiner außerirdischen Freunde bewegt ihn durch den dickflüssigen Schlamm. Aber es ist trotzdem anstrengend, denn er darf auf gar keinen Fall die Abdeckungen verlieren.

»Ich brauche eine Pause«, sagt er.

Sofort lässt der Zug im Seil nach. Adam lässt die Abdeckungen los und schüttelt die Arme aus, so gut es geht. Wenigstens gibt es hier keine Strömungen wie im Meer, die die Bleche davontreiben könnten. Aber stimmt das wirklich? Wenn er sich in einer Flüssigkeit aufhält, muss es hier auch Strömungen geben – nur sehr langsame. Er fühlt nach den Abdeckungen. Sie sind noch da, wo er sie losgelassen hat.

»Wie weit ist es noch?«, fragt er.

»Zehn Meter«, sagt Gronar.

»Gut, das schaffen wir in einem Rutsch.«

NUMBARK LACHT, UND AUCH AUCH LOKNOR HÄLT SICH den Bauch.

»Nimm es ihnen nicht übel«, sagt Gronar, »aber wir haben lange nichts Lustiges mehr gesehen. Und du siehst aus wie ein Schlammspringer, dem jemand zwei Arme ausgerissen hat.«

Dann lacht auch Gronar. Sie haben einen seltsamen Humor. Müssten sie ihn nicht wegen der fehlenden Arme bedauern? Er schüttelt sich kräftig, und Schlammtropfen fliegen nach allen Seiten.

»Hier sind die Bleche«, sagt er. »Wenn ihr dann fertig seid, sollten wir uns auf den Weg machen.«

»Danke, Adam. Du hast das wirklich gut hinbekommen«, sagt Gronar.

PLATTE NACH VORN LEGEN, AUF DIESE PLATTE WECHSELN, hinknien, hintere Platte aufheben und vorn platzieren, auf diese wechseln, hinknien – es funktioniert! Aber was wird sein Rücken dazu sagen? Die Abdeckungen vom schlammigen Boden zu bekommen, ist äußerst anstrengend. Bisher haben sie vielleicht 200 Meter zurückgelegt, ein Zehntel der Strecke. Hoffentlich ändert sich unterwegs die Viskosität des Schlammes nicht, oder auch seine Dichte. Um sich selbst macht er sich da keine Sorgen, aber die Grosnopfe wiegen mindestens doppelt so viel wie er, inklusive Raumanzug.

Dafür haben sie aber den Vorteil, dass ihre Arme länger und flexibler sind. Gronar war gerade noch neben ihm, nun hat er schon zehn Meter Vorsprung. Der Grosnopf hockt immer in der gleichen Stellung. Um nach hinten zu greifen, braucht er sich nicht zu drehen. Er nimmt die Abdeckung vom Tast- auf den Lastarm und hebt sie über seinen Kopf nach vorn. Dann spaziert er gemütlich hinüber und wiederholt den Vorgang.

Numbark und Loknor haben ebenfalls einen Vorsprung. Aber Gronar lässt sich jetzt zurückfallen. Bald hat Adam zu ihm aufgeschlossen und befindet sich neben ihm.

»Ich habe eine Idee«, sagt Gronar.

»Ja?«

»Du kümmerst dich nicht mehr um die Abdeckungen, das übernehme ich. Ab jetzt musst du einfach nur nach vorn spazieren.«

»Und du bleibst zurück?«

»Nein, warte es nur ab.«

Gronar nimmt mit dem linken Tastarm die Platte, die sich hinter Adam befindet, hebt sie über ihn hinweg und platziert sie mit dem linken Lastarm vor ihm. Gleichzeitig benutzt er den rechten Tastarm, um seine eigene Abdeckung umzusetzen.

»He, bewegen musst du dich schon selbst.«

»Oh, entschuldige«, sagt Adam und wechselt auf die vordere Platte.

Im selben Moment greift Gronar schon wieder nach der, die er gerade verlassen hat, und setzt sie vor ihm ab. Er muss sich wirklich nur noch nach vorn bewegen. Wenn Gronar die Platten über ihn hebt, tropft etwas Schlamm herab und trifft seinen Helm und seinen Anzug, aber er ist sowieso noch von Kopf bis Fuß voller Matsch.

»Das läuft ja gut«, sagt Adam, »danke!«

EINER VIERTELSTUNDE SPÄTER MACHT NUMBARK EINEN großen Satz.

»Fester Boden!«, ruft er.

Loknor springt hinterher. Adam prüft den Boden, aber er hat noch ein paar Meter Schlamm vor sich.

»Für mich noch nicht«, ruft er.

»Doch, für dich auch«, sagt Gronar, legt ihm den Tastarm um den Bauch und springt mit ihm zusammen dorthin, wo Loknor wartet.

»Wuhuuu«, ruft Adam, »das war ja ein ordentlicher Sprung. Aber meint ihr nicht, dass wir die Abdeckungen noch brauchen?«

»Dann holen wir sie uns eben«, sagt Numbark.

»Aber wenn du dann daneben landest, steckst du tief im Schlamm.«

»Ich lande nicht daneben«, sagt Numbark.

»Da hat er recht«, sagt Gronar. »Numbark ist offizieller Meister im Zielspringen, in dieser Disziplin schlage nicht einmal ich ihn.«

»Danke, General«, sagt Numbark.

Adam entfernt sich vom Rand des Sumpfes. Wie an der Landestelle des Frachters verändert sich die Konsistenz des auf dem Boden wachsenden Krauts – oder besser: der aus dem Boden ragenden Luftwurzeln. Damit filtert die Vegetation offenbar Stickstoff und Wasserdampf aus der Atmosphäre.

Er schaltet auf Infrarot um. Die Wärmespur leuchtet nur noch schwach. Sie ist zwar eindeutig zu erkennen, aber wenn sie einen oder zwei Tage später angekommen wären, hätten sie nichts mehr bemerkt, schon gar nicht aus 100 Kilometern Höhe. Was ist hier passiert, Marchenko?

»Wo bist du, Marchenko?«, fragt Adam per Funk.

»Er ist nicht hier«, antwortet Gronar. »Sonst hätte er uns doch gehört und sich gemeldet.«

»Vielleicht ist er dazu nicht in der Lage«, sagt Adam.

Marchenko könnte bei der Landung beschädigt worden sein. Womöglich steckt er auch im Computer des Shuttles und hat keine Energie mehr. Es ist fast unmöglich, ihn umzubringen, aber es gibt viele Wege, wie er in eine hilflose Lage geraten sein kann.

»Ja, das ist möglich«, sagt Gronar. »Wir müssen ihn finden. Und wir wissen ja auch schon, wo er sein könnte.«

Natürlich. Der Boden muss sich unter dem Shuttle ebenso geöffnet haben wie unter dem Frachter. Wenn seine Passagiere ihn nicht schnell genug verlassen haben, stecken sie vielleicht im Schlamm fest.

»Unter uns«, sagt Adam. »Ich bin schon auf dem Weg.«

»Diesmal gehen wir zusammen«, sagt Gronar. »Es ergibt keinen Sinn, wenn wir hier oben auf dich warten. Vielleicht kannst du da unten ein paar starke Arme gebrauchen.«

»Das ist doch …«

Er ist drauf und dran, das Angebot auszuschlagen. Aber das wäre eitel. Wenn die Schleusentür des Shuttles nun verklemmt ist oder er Marchenkos leblosen Körper bergen muss? Dazu reichen seine menschlichen Kräfte nicht.

»Das ist doch eine sehr gute Idee, wollte ich sagen.«

DA KOMMEN SIE. ER HAT SIE SCHON VOM HIMMEL herabsteigen sehen. Erst hat er gehofft, sie würden den Sumpf nicht überqueren können, aber sie haben einen Weg gefunden. Jetzt suchen sie nach ihm, dort, wo er selbst vom Himmel herabgestiegen ist.

Drei von ihnen sehen genauso aus wie er selbst. Das sind die, die ihn nicht leben lassen wollen. Marchenko hat es ihm erklärt. Sie hatten ihn umbringen wollen, kurz nachdem er gerade aus dem Ei geschlüpft war. Er kann es noch immer nicht fassen. Er war ihnen entgangen, aber viele seiner Geschwister nicht. Er hat die Schreie des Plex noch immer im Kopf. Und das soll normal sein? Wie viel muss man vergessen, um später selbst den größten Teil der Schlüpflinge dem Tod zu überlassen?

Diesen Wesen, hatte Marchenko ihm auf der Majestätischen Dracht gesagt, müsse er vertrauen. Trotz alledem, denn es gebe keinen anderen Weg. Vor allem aber gebe es keine Garantien.

»Was tust du, wenn sie mich doch zum Tode verurteilen?«, hatte er ihn gefragt.

»Dann kann ich dir nicht helfen.«

Marchenko war ehrlich gewesen, das rechnet er ihm hoch an. Aber in diesem Moment hatte Ragnor auch eines gewusst: Er ist allein in diesem All. Für die Entscheidung, eines der Shuttles zu stehlen, hatte er nur ein paar Augenblicke gebraucht.

Vielleicht war es nicht die klügste Entscheidung gewesen. Das System hier bietet einem Grosnopf keine

Möglichkeit zum Überleben. Er hat die Gewächse auf dem Boden schon gekostet. Sie schmecken eklig und bekommen ihm nicht. Und andere Nahrung gibt es nicht, vor allem, seit das Shuttle im Boden versunken ist. Er hatte es in letzter Sekunde noch nach draußen geschafft, nachdem er bei der harten Landung bewusstlos geworden war. Seitdem wartet er hier am Ende der Landespur. Er bewegt sich fast nicht, sodass sein Körper die Temperatur der Umgebung angenommen hat. Niemand kann ihn hier sehen, aber er sieht die anderen, die sich gerade zu beraten scheinen.

Ragnor hört per Funk jedes ihrer Worte, und er versteht auch den Zweiarmer. Marchenko hat ihm seine Sprache beigebracht. Schade, dass nicht Eva hierher gekommen ist, sondern Adam. Eva hätte er vertrauen können. Sie hat alles darangesetzt, ihn vor den anderen zu beschützen. Sie hätte sogar ihr Leben für ihn gegeben. Aber das wäre sinnlos gewesen, denn natürlich kann sie gegen 300 Grosnopfe nichts ausrichten.

Er kratzt sich an der Magenfalte. Schon seit gestern hat er Hunger. Da meldet sich das Funkgerät erneut.

»Wer geht zuerst?«, fragt ein Grosnopf.

Das müsste der sein, den der andere als General bezeichnet hat.

»Ich«, sagt der Mensch.

»Jetzt bin ich dran«, sagt Numbark.

So hat ihn der General vorhin genannt. Der Name des Dritten ist noch nicht gefallen.

»Gut«, sagt der General. »Erst Numbark, dann Adam, gefolgt von Loknor. Ich gehe als letzter. Und denkt dran, euch an das Seil anzukoppeln.«

Der dritte Grosnopf heißt also Loknor. Er stellt sich diesen Loknor jung und schlank vor. Der General ist sicher stattlich und breit. Ob er sie erkennen wird, wenn er sie aus der Nähe sieht? Von hier aus sind sie nur als Schemen zu sehen. Die Gruppe bewegt sich zum Rand der Fläche, dorthin, wo der Sumpf beginnt. Was haben sie vor? Sie müssen doch wissen, dass der Schlamm sie schlucken wird?

»Wie finden wir das Shuttle?«, fragt Adam.

»Es muss irgendwo dort vorn sein«, antwortet der General. »Wenn wir nicht von selbst darauf stoßen, müssen wir uns eben aufteilen.«

Sie suchen das Shuttle. Vermutlich wähnen sie ihn darin. Und dann? Was werden sie ihm antun? Marchenko hat das Beste gehofft. Aber nicht einmal er hatte für sein Leben garantieren können. Und jetzt ist er nicht einmal hier, um ihn zu beschützen.

Der letzte Kopf der Gruppe verschwindet im Schlamm. Ragnor springt in großen Sätzen hinterher. Die drei Grosnopfe sind gefährlich. Aber das Shuttle ist wichtiger. Wenn er es wiederfindet, ist sein Überleben auf diesem Planeten gesichert. Er hat einen Vorteil: Sie glauben, er wäre vor ihnen im Shuttle, doch er befindet sich in ihrem Rücken. Sollen sie das Shuttle doch für ihn finden. Es wird leer sein, kein Zweifel. Wenn sie wieder weg sind, kann er sich darin ausruhen.

Über seinem Kopf trampelt etwas.

»Habt ihr das gehört?«, fragt Adam per Funk.

»Was denn?«, fragt Numbark.

»Nein, tut mir leid«, sagt Gronar. »Was hast du gehört?«

»So eine Art Platschen, als würde jemand mit der flachen Hand auf Wasser klatschen.«

»Da oben ist niemand«, sagt Gronar.

»Vielleicht kam das Geräusch von woanders«, meint

Numbark. »In Flüssigkeiten verhält sich der Schall manchmal seltsam. Er könnte von der Oberfläche reflektiert worden sein.«

Das war keine Reflektion. Aber Gronar hat recht, dort oben war niemand. Adam hatte sich extra noch einmal mit dem Infrarot-Visor umgesehen. Er rudert mit den Armen voran. Diesmal kommt er schneller vorwärts – vor allem, weil Loknor ihn von hinten schiebt.

»PASST AUF, WIR MÜSSTEN GLEICH DA SEIN«, SAGT Gronar.

»Ich … Wahnsinn«, sagt Numbark.

Adam stößt auf den Rücken des Grosnopfes. Loknor schiebt ihn von hinten.

»Numbark, geh besser zur Seite«, ruft Adam.

Dann steht er auch schon im Freien. Sie haben eine Höhle erreicht! Adam sieht einen Baumstamm und kippt nach vorn, umgeworfen von Loknors Bauch. Eine Hand zieht ihn am Rücken, bis er wieder steht. Es ist Numbark. Schließlich tritt auch Gronar aus der Schlamm-Wand hinter ihnen.

»Beeindruckend«, sagt Gronar.

Adams Helmscheinwerfer beleuchtet eine Höhle, etwa doppelt so hoch wie ein Grosnopf. Über ihren Köpfen schwebt das Shuttle. Es wird vom Wurzelwerk eines Baums getragen, genau wie der Frachter.

»Fantastisch«, sagt Numbark. »Ich gebe zu, ich habe dir nicht jedes Detail geglaubt, Adam.«

»Es ist wie bei dem Frachter«, sagt Adam. »Bestimmt gibt es überall solche Bäume, die ihre Wurzeln durch die Oberfläche in die Atmosphäre strecken.«

Der Baum macht ihn ganz schwindlig, weil er falsch

herum steht. Er wächst entgegen der Schwerkraft. Anders als im All genügt es nicht, einfach das Auge darauf einzustellen. Sein Gleichgewichtsorgan lässt sich hier nicht austricksen. Wo wächst er bloß hin?

Numbark geht langsam nach vorn, und das Seil zieht Adam mit.

»Sollen wir uns aufteilen?«, fragt Numbark.

»Warum?«, fragt Gronar zurück.

»Ich …«

Plötzlich zerrt eine starke Kraft am Seil. Adam schafft es nicht, ihr standzuhalten. Wo ist Numbark? Die Kraft zerrt ihn nach vorn. Er stoppt kurz. Das muss Loknor sein, der ihn aufzuhalten versucht, doch dann kommen sie weiter ins Rutschen. Numbarks Gewicht zerrt ihn nach unten. Das Scheinwerferlicht fällt auf ein ovales Loch. Er stürzt hindurch. Loknor folgt ihm, und auch Gronar muss noch am Ende des Seils hängen. Sie stürzen ab, zu viert, alle gemeinsam. Sie werden sterben. Der Planet begräbt sie tief unter seiner Oberfläche.

Aber noch ist er nicht tot. Er muss aufpassen. Wenn Loknor und Gronar auf ihn stürzen, zerquetschen sie ihn. Adam rollt sich zur Seite, und schon prallt er auf den harten Boden. Seine Hüfte schmerzt, aber trotzdem wälzt er sich so schnell wie möglich aus dem Weg. Bumm, bubumm. Das waren Loknor und Gronar. Adam rollt ein paarmal um seine Achse, dann haben sie anscheinend die tiefste Stelle erreicht.

Stille.

Adam wischt das verdreckte Visier seines Helms ab. Es bleiben immer noch Streifen zurück, aber zumindest erkennt er die Umgebung nun. Die Höhle, in die sie gestürzt sind, ist ein Wunder. Er dreht sich auf den Rücken. Von der Decke strecken ihm mehrere Bäume ihre Kronen entgegen. Es ist, als hätte jemand das Schwerefeld des Planeten umgepolt. Adam richtet sich vorsichtig auf, weil die Angst so real ist, dass er gleich nach oben stürzen könnte. Die Baumkronen sind stark verästelt. Sie breiten sich nicht gleichmäßig nach allen Seiten aus wie bei irdischen Bäumen, sondern sehen eher wie eine Mischung aus Vogelnest und geflochtenem Haarkranz aus.

An den Enden der dünnen Äste hängen viele kleine Blätter. Irgendetwas stimmt nicht mit ihnen. Da fällt es Adam auf: Die Blätter, so winzig sie auch sind, bewegen sich nicht. Entweder, sie hängen so fest an den Ästen – oder hier unten gibt es keinen Wind. Und das würde bedeuten, dass diese Höhle keinen Ausgang besitzt, von dem Loch abgesehen, durch das sie hineingestürzt sind. Aber momentan kümmert das Adam nicht. Er ist ganz leicht. Vielleicht liegt es an der scheinbaren Vertauschung von unten und oben – oder an den Milliarden Glühwürmchen, die die Höhle beleuchten. Sie scheinen auf den Blättern zu sitzen und verbreiten farbiges Licht. Adam sieht grüne, blaue und gelbe Töne, aber kein Rot.

Er legt sich wieder hin, um sie besser betrachten zu können. Da raschelt es unter ihm, und erst jetzt bemerkt er es: Er liegt auf einer dicken Schicht trockener Blätter. Er nimmt eines auf und betrachtet es. Es ist etwa vier Zentimeter lang und besitzt eine ovale Form mit nach unten abgeknicktem Rand. Ziemlich genau in seiner Mitte befindet sich eine Art Warze, die aus festem Material besteht. Adam drückt darauf, und sie leuchtet kurz in grünem Farbton auf. Das sind also die Glühwürmchen.

»Gronar?«, ruft er.

Es fühlt sich falsch an, in dieser unterirdischen Kathedrale die Ruhe zu stören. Niemand hat bisher etwas gesagt.

»Ich bin hier drüben.«

Adam sieht sich um. Der Schatten eines Grosnopfes winkt ihm. Es ist zu dunkel, um mehr als Schemen zu erkennen.

»Haben wir eine Chance, da wieder hoch zu kommen?«, fragt Adam.

»Es ist wunderschön hier, findest du nicht?«, fragt Gronar zurück.

Das ist auch eine Antwort. Und sein Freund hat recht. Es gibt wirklich schlimmere Orte zum Sterben.

»Es ist zu hoch zum Springen«, sagt Loknor. »Aber ich könnte versuchen, eine der Baumkronen zu erreichen und dann weiterzuklettern.«

»Sie wirken nicht, als könnten sie unser Gewicht tragen«, sagt Gronar. »Aber probier es doch aus.«

Loknor steht auf. Er federt ein paarmal in den Knien, dann hebt er mit krachenden Kniegelenken ab. Bis zur Krone des nächsten Baumes sind es etwa acht Meter. Die Grosnopfe sind unglaublich. Loknor schafft es tatsächlich! Er klammert sich mit allen vier Armen an verschiedenen Ästen fest. Eine Menge Blätter segeln nach unten. Loknor hängt kurz, dann geben die Äste der Schwerkraft nach. Der Grosnopf versucht noch umzugreifen, aber kein einziger der Äste ist stark genug.

Loknor fällt. Er stabilisiert sich geschickt in der Luft und landet auf den Sprungbeinen.

»Wir sind zu schwer«, sagt Numbark. »Willst du es nicht mal probieren, Adam?«

»Das ist sinnlos. Aus dem Stand schaffe ich nur ein Zehntel von Loknors Sprunghöhe.«

»Du könntest dich an meinem Rücken festklammern«, schlägt Numbark vor. »Ich springe hoch, dann schnappst du dir den Baum.«

Und wenn er dann doch aus acht Metern Höhe auf

den harten Boden fällt, bricht er sich alle Knochen. Vorhin hat das Sicherheitsseil seinen Sturz gedämpft.

»Und was ist mit euch? Ich kann euch doch nicht im Stich lassen«, sagt Adam.

»Im Shuttle gibt es bestimmt ein Seil«, sagt Numbark. »Das holst du, machst es irgendwo fest und lässt es zu uns herunter.«

Hm. Soll er es wirklich probieren, sich an einem der Äste nach oben zu hangeln? Nein, das kann nicht funktionieren. Er ist ebenfalls zu schwer.

»Tut mir leid«, sagt er, »aber ich bin nicht viel leichter als ihr. Ihr verteilt euer Gewicht auf vier Äste. Da bleiben etwa 75 Kilogramm pro Ast. Zu viel, wie wir gesehen haben. Ich hänge aber an einem einzigen Ast, mit fast 100 Kilogramm, wenn man den Anzug mitrechnet.«

»Du hast doch zwei Arme«, sagt Gronar. »Zwei Arme – zwei Äste. Macht 50 Kilogramm.«

»So sportlich bin ich leider nicht. Ich weiß nicht einmal, ob ich mich mit beiden Armen so weit nach oben ziehen könnte. Aber einarmig, keine Chance.«

»Dann gibt es wohl keinen Ausweg«, sagt Gronar.

»Es tut mir wirklich leid.«

»Du kannst ja nichts dafür, dass ihr Menschen so konstruiert seid.«

»Können wir nicht die Sicherheitsleine nach oben werfen?«

»Sie befestigt sich ja nicht von selbst«, sagt Gronar und setzt sich auf seine Hinterbeine.

So missmutig hat er den General noch nie erlebt. Dass die Umgebung so märchenhaft wirkt, hat keinen Wert mehr, wenn sie sich als Gefängnis erweist.

Er ist seine Verfolger los, endlich! Ragnor verankert die Sprungbeine tief im Schlamm und beugt sich mit dem Oberkörper vorsichtig über das Loch, durch das die anderen abgestürzt sind. Sie haben den tiefen Fall überlebt. Er lauscht ihrer Unterhaltung per Funk. Dass sie keinen Ausweg finden, müsste ihn eigentlich freuen, aber es hinterlässt ihn eher ratlos. Dabei ist doch alles optimal gelaufen! Sie haben ihn zum Shuttle geführt. Er braucht nur noch einzusteigen. Vielleicht schafft er es sogar, die Triebwerke zu starten. Dann kann er nach Marchenko suchen, der bei der Landung verlorengegangen ist. Aber selbst wenn das Shuttle nicht mehr fliegt, bietet es ihm, was auf der Majestätischen Dracht unmöglich war: sein Leben zu leben.

Er sollte nicht zu lange in das schwarze Loch starren. Komm, Ragnor, redet er sich in Gedanken zu, die Schleuse des Shuttles muss irgendwo dahinten sein. Dort findest du alles, was du brauchst, um lange und in Frieden zu leben.

Und ein Seil. Natürlich gibt es an Bord ein Seil. Er weiß sogar, wo es sich befindet, denn er ist darauf gestoßen, während er nach Nahrung gesucht hat. Aber was soll er mit einem Seil? Warum drängt es sich in seine Gedanken? Er schiebt es weg, aber am Rande seines Bewusstseins muss es eine Öse geben, in der es sich eingeklinkt hat. Vielleicht ist ja der Zweiarmer schuld. Adam, Evas Bruder, die ihn gerettet hat, der er sein Leben verdankt. Adam hat zwar seine Verfolger begleitet und scheint eindeutig auf ihrer Seite zu sein. Aber wenn er hier unten stirbt, weil er ihm nicht geholfen hat, wird Eva ihm das nie verzeihen. Selbst, wenn er es ihr nicht erzählt, denn dazu wird er ja wohl kaum die Gelegenheit haben. Es ist … vertrackt. Obwohl Eva nicht da ist, sitzt sie auf seiner Schulter, ermahnt ihn und diskutiert mit ihm.

Was ist denn mit Marchenko, Eva? Kann er nicht besser auf Adam aufpassen? Er ist bestimmt irgendwo in der Nähe und wird seinen Sohn aus diesem Loch befreien. *Und wenn nicht, Ragnor?* Ja, was kann ich denn dafür? *Marchenko ist vielleicht tot und mindestens weit weg. Aber du, du könntest ihn da rausholen. Denk an das Seil, Ragnor. Du weißt, wo es liegt. Du machst es hier irgendwo fest, und dann verschwindest du. Niemand wird merken, dass du hier warst.* Aber sie werden das Seil sehen. *Es ist ein Wunder. Sie werden es als Wunder betrachten.* Ich glaube, du belügst mich, Eva. *Ja, ich lüge, weil ich will, dass du meinen Bruder rettest. Bitte.*

Ab und zu löst sich ein glühendes Blatt aus den Baumkronen, steigt nach oben in die Lüfte und landet schließlich bei ihm im Himmel. Das ist eine schöne Vorstellung, und weil die Bäume hier so seltsam wachsen, fällt es leicht, daran zu glauben. Er hat sogar immer wieder das Gefühl, kopfüber an der Decke herumzulaufen, und wenn er zu lange den Kopf nach oben reckt, glaubt er zu fallen.

Wenn es so weit kommt, fängt Adam Glühwürmchen. Er sucht nach den schwebenden, bunten Flecken, Blättern, die langsam zu Boden schweben. Er fängt sie am liebsten, bevor sie auf dem von einer dünnen Schlammschicht bedeckten Untergrund auftreffen. Dann sind sie noch ganz sauber. Ihr Leuchten hält jedoch nie lange an. Die Glühwürmchen verenden in seiner Hand, und er kann nichts dagegen tun.

So wie jetzt. Er drückt noch einmal auf die Warze in der Mitte: ein letztes, blaues Leuchten, dann lässt er das Blatt fallen. Es sinkt zu Boden. Der Schlamm wird es einhüllen und langsam auflösen, bis es selbst wieder zu

Schlamm geworden ist. Sie haben den Nährstoffkreislauf auf diesem Planeten noch nicht durchschaut. Wenn jedes Blatt in der Tiefe landet, entzieht es seinem Baum Nährstoffe. Woher kommt der Nachschub? Sind die Pflanzen wirklich auf Meteoriten-Einschläge angewiesen? Oder gibt es Orte, an denen Schlamm aus der Tiefe nach oben gedrückt wird, so wie in den Wasserquellen auf der Erde?

Das werden andere klären müssen. Aber es wird keine anderen Besucher geben. Am meisten ärgert Adam, dass sie ihre Entdeckung mit niemandem teilen können. Dass er es nicht zurück zur Majestätischen Dracht schaffen wird, hatte er schon beim Start eingeplant. Darum hatte er ja Eva doch dort gelassen. Trotzdem ist es schwer zu akzeptieren.

Er läuft mit gesenktem Kopf durch die Höhle. Da berührt ihn etwas an der Schulter. War das ein Ast? Adam bleibt stehen. Nein, da war nichts. Er dreht sich trotzdem um. Das Licht des Scheinwerfers fällt auf eine in sich verdrehte Struktur, dünner als ein Finger, die von oben herabzuhängen scheint. Das ist kein Ast.

Es ist ein Seil. Vorsichtig greift er danach. Vielleicht bildet er sich das bloß ein? Er schließt die Hand. Seine Handfläche meldet ein raues Material. Er zieht kurz daran. Das Seil hält dagegen. Er benutzt auch die zweite Hand. Erst zieht er leicht, dann hängt er sich mit dem ganzen Gewicht daran.

»Es hält!«, ruft er.

»Was ist los?«, fragt Gronar.

»Hier hängt ein Seil.«

»Ha ha. Mir ist gerade nicht nach Scherzen.«

»Nein, Gronar, ich meine es ernst, hier hängt ein Seil herunter. Wir müssen es bisher übersehen haben. Ich bin nur zufällig mit der Schulter darangestoßen.«

»Das ist doch Unsinn, Adam. Du meinst, da hat

jemand ein Seil hingehängt, nur für den Fall, dass irgendwer in das Loch fallen sollte?«

»Überzeug dich doch selbst, Gronar. Ich weiß auch nicht, wie es hierhergekommen ist. Vielleicht reicht es gar nicht bis nach oben.«

Natürlich kann er nicht sicher sein, aber er glaubt fest, dass das Seil nach oben führt. Welchen Zweck sollte es sonst haben? Und dann fällt ihm auch ein, woher es kommen könnte.

»Marchenko. Bestimmt hat Marchenko es befestigt. Er war hier, er war im Shuttle. Danach muss er diese Höhle erforscht haben, mit Hilfe des Seils.«

Das ist eine schöne Vorstellung, denn sie impliziert, dass das Seil stark genug für ihn und für die Grosnopfe ist. Marchenkos Roboterkörper wiegt sicher mehr als 300 Kilogramm.

»Das klingt vielversprechend«, sagt Gronar.

Jemand zieht ihm das Seil aus der Hand. Adam erschrickt, aber es ist bloß der General.

»Tatsache«, sagt Gronar. »Das Seil muss eine stabile Befestigung haben. Damit kommen wir hier raus. Vielleicht.«

Gronar leuchtet nach oben. Adams Blick folgt dem Scheinwerferstrahl. Das Seil führt gerade nach oben zwischen zwei Baumkronen hindurch und endet in einem schwarzen Fleck. Dort kommen sie her.

»Marchenko?«, ruft Gronar. »Ich weiß, dass du da bist. Antworte!«

Es bleibt still.

»Da oben muss jemand sein«, sagt Gronar. »Wir sind genau hier heruntergefallen. Das Seil hätten wir auf jeden Fall bemerkt. Aber warum versteckt sich Marchenko vor uns?«

Weil es nicht Marchenko ist, der das Seil hinabgeworfen hat. Aber das wird Gronar früh genug bemerken.

»Dann los, du zuerst«, sagt Gronar. »Falls wir zu schwer sind, schaffst wenigstens du es.«

»Danke«, sagt Adam. »Dann hole ich Hilfe, irgendwie.«

Seine Armmuskeln schmerzen. In einem Raumanzug unter erhöhter Schwerkraft aus einer Höhle zu klettern ist schwer. Aber die Aussicht auf Rettung ist sehr motivierend. Endlich hat er es geschafft. Adam zieht sich über den Rand in die obere, viel flachere Höhle. Dort vorn ist das Shuttle.

Eine Hand berührt seine Schulter. Er zuckt zurück und fällt fast wieder in das Loch, doch eine zweite Hand hält ihn fest.

»Ragnor«, sagt er.

Der Grosnopf antwortet nicht. Es ist fast dunkel, sodass Adam nicht erkennt, ob er wirklich den Schlüpfling vor sich hat. Aber es kommt niemand anders in Frage. Ragnor hält das Seil, an dem er nach oben geklettert ist. Ragnor ist ihr Retter. Aber das wird ihm nichts nutzen.

»Du musst weg«, sagt Adam. »Gronar lässt sich nicht umstimmen. Ich habe es schon versucht. Gib mir das Seil.«

»Nein«, sagt Ragnor. »Es gibt hier keine Möglichkeit, das Seil so zu befestigen, dass sich ein Grosnopf daran hochhangeln kann. Also muss ich bleiben. Oder kannst du ihr Gewicht halten?«

»Ich fürchte, nein.«

»Siehst du, nur ich kann sie retten.«

»Und wenn das dein Tod ist?«

»Dann ist es eben so. Ich fliehe nicht mehr. Ich hoffe nur, dass Gronar mir einen fairen Kampf gewährt.«

»Du willst ihn herausfordern? Das hat es doch seit vielen Jahren nicht mehr gegeben.«

Vor vielen Generationen war es üblich gewesen, sich eine gewünschte Stellung Mann gegen Mann zu erkämpfen. Das hatte Gronar mal erzählt.

»Die Tradition ist nie offiziell abgeschafft worden. Und Gronar scheinen die alten Traditionen ja wichtig zu sein. Das kann er mir nicht verweigern.«

Hinter ihnen kratzt etwas auf dem Boden. Es ist Loknor. Ragnor weicht ein Stück zurück.

»Danke, Kamerad«, sagt Loknor.

Es klingt ganz selbstverständlich. Danach erscheint Numbark. Er betrachtet ihren Retter neugierig, sagt aber überhaupt nichts. Numbark will wohl dem General nicht vorgreifen.

Gronars mächtige Sprungbeine ziehen sich aus dem Loch im Boden. Der Grosnopf erhebt sich zu ganzer Größe – und erstarrt. Aber der Schock hält nur kurz. Gronar springt nach vorn und drückt alle sechs Glieder von Ragnor gegen die Wand der Höhle. Der ehemalige Schlüpfling sieht aus wie ein aufgespießtes Insekt.

»Du …«, sagt Gronar.

Dann fällt sein Blick auf das Seil in Ragnors Hand. Gronar erschlafft, und der andere rutscht an der Wand zu Boden.

»Du hast uns alle gerettet«, sagt Gronar.

»Ja.«

»Warum?«

»Ich fordere dich zum Kampf. Wenn ich dich besiege, bin ich General.«

»Und ich ein illegaler Schlüpfling, ha ha. Du wirst mich nicht besiegen.«

»Und wenn doch, Gronar?«

»Du hättest fliehen sollen. Wir hätten dich nie gefunden.«

»Weil ihr da unten gestorben wärt.«

»So ist es. Aber alles hätte seine Richtigkeit gehabt.«

»Gronar, er hat uns allen das Leben gerettet«, sagt Adam. »Das sollte etwas wert sein.«

»Ich habe ihn nicht darum gebeten, Adam.«

»Ich hätte ihn sofort darum gebeten, wenn ich gewusst hätte, dass er die Möglichkeit dazu hat.«

»Dann hättest du ihm dein Leben geschuldet. Ich nicht. Ich kann nicht zulassen, dass die Tradition verletzt wird.«

»General, wenn ich etwas sagen darf: Ragnor hat Sie zu einem Kampf gefordert. Die Tradition gebietet es …«

»Ich weiß, Numbark.«

»Wir haben einen guten Mann verloren«, sagt Loknor. »Und es wird nicht der letzte sein. Es wäre sinnvoll, Ragnor seinen Platz einnehmen zu lassen. Sonst scheitert unsere Mission am Ende noch deswegen.«

Gronar springt auf. »Ich brauche keinen Rat von meinen Untergebenen«, sagt er. »Aber ich danke euch trotzdem. Du sollst deinen Kampf bekommen, Ragnor. Die Tradition gebietet, dass er fair abgehalten wird. Ein Kampf zwischen einem Jüngling und mir kann nicht fair sein. Deshalb werden wir den Kampf am Ende unserer Reise austragen. Bis dahin hast du Zeit, deine Kräfte zu stärken. Du wirst die Stelle des Schützen auf meinem persönlichen Shuttle einnehmen. Aber jetzt müssen wir erst einmal unsere Mission hier beenden und Marchenko finden.«

Dunkelnacht 27, 3890

»Es ist meine Schuld. Ich habe Marchenko verloren, als das Shuttle in die Atmosphäre eingetreten ist«, berichtet Ragnor. »Marchenko hat alles versucht, um mich vom Start von der Majestätischen Dracht abzuhalten. Er hat sich an der Außenhülle des Shuttles festgeklammert! Das habe ich aber erst bemerkt, als es zu spät war. Die Kräfte beim Eintritt in die Atmosphäre waren dann wohl zu viel für ihn.«

»Das ist gut«, sagt Gronar.

»Wie meinst du das?«, fragt Adam.

»Wir kennen die Flugbahn des Shuttles beim Landen«, erklärt Gronar. »Damit können wir berechnen, in welchem Bereich Marchenko ungefähr heruntergekommen sein muss. Das übernimmt Numbark. Marchenkos Körper ist stabil genug, um so einen Absturz zu überstehen.«

»Es wird sicher kein kleines Gebiet sein«, sagt Adam.

»Nein, aber wir haben ja das Shuttle.«

»Wir sitzen zwar darin, aber es fliegt nicht. Über uns ist eine harte Schicht, die wir nicht durchbrechen können, und wenn wir es trotzdem versuchen, wird sie noch härter.«

»Das stimmt, Adam. Aber ich habe eine Idee, wie wir sie wieder flüssig bekommen.«

»Und wie soll das funktionieren?«

»Nach unserer Landung war der Boden auch zunächst fest, aber dann hat er sich geöffnet, um den Frachter zu schlucken …«

»Ah, du willst einen Köder über uns platzieren, und wenn der Planet ihn schlucken will, muss er den Boden weich werden lassen.«

»Genau. Unser Shuttle, das mit der defekten Kabine, ist noch im Orbit über uns. Wir lassen es ferngesteuert landen und setzen es als Köder ein.«

Das Schiff vibriert. Über ihnen verbrennt gerade der Abgasstrahl eines Shuttles den Boden.

»Und … Landung«, sagt Numbark.

Die Vibrationen verstummen.

»Sehr gute Leistung«, lobt Gronar.

Numbark, der Steuermann, hat das Shuttle ferngesteuert zur Punktlandung gebracht. Es befindet sich jetzt ein paar Meter über ihnen, leicht nach Norden versetzt, damit sie beim Start nicht daranstoßen, aber doch so nahe, dass ihnen der Planet beim Aufnehmen des Shuttles den Weg freimacht.

»Wie lange wird es dauern?«, fragt Loknor.

»Das weiß keiner genau«, sagt Gronar.

»Zwanzig Minuten, maximal eine Stunde«, sagt Adam.

»Aber wir müssen auf jeden Fall im richtigen Moment die Triebwerke anwerfen«, sagt Gronar.

»Numbark?«, fragt Adam.

Der Steuermann sitzt mit geschlossenen Augen auf seinem Sitz. Hoffentlich ist er nicht eingeschlafen.

»Numbark?«, wiederholt Adam.

»Lass ihn, er konzentriert sich«, sagt Gronar.

»Aber worauf?«

»Auf den richtigen Moment.«

»Und wie erkennt er den?«

»Er spürt ihn, Adam. Du kannst ihm vertrauen. Bleib ganz ruhig.«

Gronar hat die Ruhe weg. Wie macht er das nur? Das ist ihre einzige Möglichkeit, von hier wegzukommen. Im Orbit gibt es kein zweites Shuttle, das sie landen lassen könnten.

»So_*.*xor«, sagt Numbark.

Im selben Moment bearbeitet er mit allen vier Händen die Sektorensteuerung an der Konsole. Eine seltsame Sinfonie erklingt in der Kabine. Das Schiff bewegt sich gleichzeitig nach vorn und nach oben.

Hoffentlich hat Numbark den richtigen Moment erwischt. Wenn nicht, werden sie es gleich bemerken. Was wird wohl geschehen, wenn das Shuttle von der Kraft seiner Triebwerke von unten gegen den festen Boden gedrückt wird? Wird die Kabine dem Druck standhalten? Adam fragt lieber nicht.

Dann drückt ihn die Beschleunigung plötzlich tief in den Sitz. Sie haben abgehoben! Großartig! Sie sind gerettet! Gronar klatscht mit allen vier Händen auf die Lehne seines Sitzes. Danke, Numbark!

»Nehme Kurs auf das Gebiet, in dem wir Marchenko vermuten«, verkündet der Steuermann.

Adam holt sich die Konsole heran. Das Kamerabild

zeigt ein paar dunkle Schlieren, wohl Reste von Schlamm. Unter ihnen verschwindet gerade das andere Shuttle im Bauch des Planeten. Es war ein fairer Tausch.

»SEHT IHR DAS?«, FRAGT GRONAR. »ICH SCHICKE EUCH etwas auf die Schirme.«

»Was ist das?«, fragt Adam.

Ein paar Kilometer vor ihnen, aber durch den Zoom der Kamera gut zu erkennen, spielt sich eine seltsame Szene ab. Eine Kugel hüpft mit großer Ausdauer immer wieder wie ein Gummiball in die Höhe, landet wieder und springt erneut ab. Ist das Marchenko? Haben sie ihn wirklich gefunden? Adam prüft die Koordinaten. Sie befinden sich auf der anderen Seite dieser Welt. Bei ihrer gestrigen Landung haben sie Marchenko nicht sehen können. Aufgefallen wäre er ihnen sicher.

»Ich habe ihn erreicht«, sagt Numbark. »Es ist Marchenko. Ich stelle durch.«

»Gut … dass ihr … endlich … kommt.«

Ja, es ist Marchenko. Adam treten Freudentränen in die Augen. Er spricht wohl so seltsam, weil er nicht aufhören kann zu springen.

»Was ist … das für … eine … Strategie?«, fragt Adam.

»Mach dich … nur … lustig … ich … vermeide … so … geschluckt … zu werden.«

»Ah, weil du beim Herabfallen Kräfte auf den Boden ausübst, verhärtet er sich, statt sich zu verflüssigen, um dich schlucken zu können.«

»Genau so … und nun … kommt.«

Aus Sicht des Planeten ist das geradezu gemein. Adam stellt sich vor, wie ihm jemand einen leckeren Apfel vor dem Gesicht herumschwenkt, aber immer, wenn er hineinbeißen will, ist sein Mund verschlossen.

»Wir landen gleich bei dir«, sagt Gronar.

»Ich übernehme die Schleuse«, sagt Adam.

»Wie du willst«, sagt Gronar.

Adam hält sich an der inneren Schleusentür fest. Numbark schaltet die Triebwerke ab. Im selben Moment drückt er den Öffnungsknopf. Die Tür schwingt zur Seite. Er erwartet den Geruch des Todes, doch dann fällt ihm ein, dass er ja gar nicht mehr an Bord des Frachters ist. Er stürzt zur äußeren Tür und öffnet sie. Heiße Luft quillt herein, aber das stört ihn nicht. Denn ein unförmiger, metallischer Körper zieht sich in die Schleuse.

»Marchenko!«, ruft er.

Der Roboter ist über und über mit Schlamm bespritzt, aber das stört ihn nicht. Adam fällt in seine vier Arme. So glücklich wie jetzt war er lange nicht, war er noch nie.

»Danke, Adam, danke, dass du mich gefunden hast, aber bring dich bitte nie wieder in Gefahr für mich.«

»Das kann ich dir nicht versprechen. Außerdem war es doch überhaupt nicht gefährlich.«

»Ach, wirklich? Dann bin ich ja gespannt, was Gronar erzählt. Habt ihr Ragnor gefunden?«

»Ja, er hat uns allen das Leben gerettet.«

»Das ist gut. Dann wird Gronar ihn ja wohl nicht mehr töten wollen.«

»Wir müssen wieder starten«, meldet sich Numbark über den Lautsprecher in der Schleuse.

»Dann los«, sagt Adam.

»Die äußere Schleusentür ist noch offen, meldet der Computer. Ihr könntet hinausgeweht werden.«

»Danke für die Warnung.«

Adam drückt den Schließknopf. Die Tür kracht in den Rahmen.

»Nach dir, bitte«, sagt er und zeigt zur inneren Tür.

Marchenko rollt voran.

»Ihr seid gesund? Ich bin so froh!«, sagt Eva.

Endlich haben sie die Ausläufer der Atmosphäre verlassen, und die Funkverbindung steht wieder. Er hat sofort Eva kontaktiert.

»In ein paar Tagen sind wir wieder auf der Dracht«, sagt Adam.

Er freut sich auch – auf seine Schwester, sein Bett und eine Dusche.

»Und Ragnor?«

»Bekommt zumindest bis zum Ende unserer Expedition Asyl.«

»Danke, Adam, du bist der Beste.«

»Ich weiß«, sagt er, obwohl er sich da gar nicht sicher ist.

»Die Majestätische Dracht hat übrigens Signale von Luhman-16B aufgefangen.«

Das ist der zweite Braune Zwerg dieses Systems.

»Signale?«

»Wir konnten sie nicht entziffern. Aber sie werden auf derselben Frequenz gesendet, die auch die Messenger benutzt.«

»Oh, dafür wird sich Marchenko sehr interessieren«, sagt Adam. »Ich hole ihn. Das müssen sie sein.«

»Wer?«

»Marchenkos Kinder, wer sonst?«

Nachwort

Liebe Leserinnen und Leser,

die Majestätische Dracht hat ihre Reise begonnen. Sie wird uns, und da schließe ich mich ein, an einige faszinierende Orte in unserem Universum bringen – astronomisch gesehen gleich um die Ecke, praktisch gesehen jedoch mit Entfernungen von einigen Lichtjahren momentan noch nicht für uns erreichbar.

Wie diese Reise genau abläuft, das weiß ich heute noch nicht. Ich bin ein Bauchschreiber. Der englische Begriff »Discovery Writer« trifft es noch besser: Ich entdecke die Geschichte mit meinen Protagonisten gemeinsam. Was sie im Luhman-16-System finden würden, habe ich auch erst erfahren, als die Majestätische Dracht dort eingetroffen ist. Das gilt auch für die kommende Etappe, die ich »In die Dunkelheit« genannt habe. Sie können Sie hier bestellen:

hardsf.de/links/1054576

Eine jahrelange Anfahrt hat die Dracht diesmal nicht, denn die Signale, die die Besatzung aufgefangen hat, kommen aus der unmittelbaren Umgebung. Wer hat sie ausgesandt, und welchen Gefahren müssen sich Adam,

Eva, Marchenko, Gronar und Ragnor diesmal stellen? Ich bin – ehrlich – genauso gespannt wie Sie!

Im Anschluss finden Sie eine kleine Übersicht über das Leben und den Tod der Sterne. Einige der darin beschriebenen Sterntypen kommen als Ziel für eine Folge der »Proxima-Logbücher« in Frage. Haben Sie einen Favoriten? Dann schreiben Sie mir gern! Ich liebe Leserpost.

Was für mich als Autor ebenso wichtig ist, sind Rezensionen. Sie machen meine Bücher erst auffindbar. Wenn Ihnen »Marchenkos Kinder« gefallen hat, zögern Sie bitte nicht und klicken hier (oder rufen den Link am Computer auf):

hardsf.de/links/1006476

Wie immer erhalten Sie »Das Leben und der Tod der Sterne« als farbiges PDF, wenn Sie sich hier anmelden:

hardsf.de/fortsetzung/

Allerbeste Grüße von meinem nächtlichen Schreibtisch

Ihr

Brandon Q. Morris

Bücher von Brandon Q. Morris

Die dunkle Quelle

Nach zwölf Jahren Funkstille empfangen Wissenschaftler plötzlich Informationen vom Kometen 67P. Der Lander, der dort abgesetzt wurde, galt eigentlich als defekt. Seine rätselhaften Botschaften beschäftigen bald Forscher in aller Welt. Von ihren zunächst sensationellen, dann aber beängstigenden Erkenntnissen motiviert, entschließt sich die NASA, ein bemanntes Raumschiff zu dem Kometen zu schicken.

Doch die Verbindung zu den drei Astronauten bricht ab – und niemand kann die dunkle Gefahr, die auf die Erde zukommt, jetzt noch stoppen …

3,99 € – hardsf.de/links/1090402

Die Störung

Weiter als die vier Astronauten der Shepherd-1 ist noch nie jemand ins All vorgestoßen. Das Ziel ihrer Mission: die Entstehung des Kosmos zu beobachten. Ein Schwarm von Sonden soll so ausgerichtet werden, dass mit Hilfe der Sonne als Linse der Moment des Urknalls sichtbar wird.

Für die Astronomin Christine geht damit ein Traum in Erfüllung. Um so größer ist die Enttäuschung, als über den ersten Bildern ein Schleier liegt, der jede Erkenntnis verhindert. Wie besessen arbeitet sie an einer Lösung, doch als es ihr tatsächlich gelingt, den Schleier zu lüften, sieht sie etwas, das besser verborgen geblieben wäre …

14,99 € – hardsf.de/links/1107664

Proxima Rising (Proxima 1)

Gegen Ende des 21. Jahrhunderts erreicht die Erde ein Hilferuf vom sonnennächsten Stern Proxima Centauri. Ein Strahlungsausbruch droht, die dortige Zivilisation zu vernichten. Die Menschheit ist ratlos, denn Hilfe zu leisten scheint technisch unmöglich. Einem russischen Milliardär gelingt es trotzdem, mit nicht ganz legalen Mitteln ein bemanntes Raumschiff auf die lange Reise zu schicken. Vor der ungewöhnlichen Crew steht eine übermenschliche Aufgabe. Erst recht, weil die Besatzungsmitglieder nicht mit dem rechnen, was der fremde Planet für sie bereithält.

3,99 € – hardsf.de/links/526922

Proxima Dying (Proxima 2)

Ein intelligenter Roboter und zwei Menschen erforschen Proxima Centauri b. Ihre naiven Vorstellungen über den Verlauf der Mission erweisen sich auf diesem Planeten der Extreme schnell als falsch. Wo sind die Absender des Hilferufs geblieben, der sie dorthin gelockt hat? Weil alle anderen Spuren im Sand verlaufen, setzen die drei ihre letzten Hoffnungen auf eine Expedition ins ewige Eis. Doch die dunkle Seite von Proxima b birgt nicht nur immerwährenden Schatten und mehr Gefahren, als sie bewältigen können – sie fordert auch eine schicksalhafte Entscheidung, die den Planeten dauerhaft verändern wird.

3,99 € – hardsf.de/links/526928

Proxima Dreaming (Proxima 3)

Eva ist verzweifelt. Von der Forschungsmission auf die dunkle Seite des Exoplaneten Proxima Centauri b ist sie als letztes Crewmitglied übriggeblieben. Dann hat sie auch noch aus Versehen einen verhängnisvollen Prozess in Gang gesetzt, der das gesamte System zerstören wird. Während sie lediglich auf ein schnelles Ende hofft, erwacht in unmittelbarer Nähe ein außerirdisches Wesen, das viel zu lange geschlafen hat – und nun den Auftrag bekommt, die zerstörerischen Eindringlinge von der Erde zur Strecke zu bringen.

3,99 € – hardsf.de/links/526921

Mars Nation 1

Endlich hat es die NASA geschafft: Der erste Mensch hat soeben seinen Fuß auf die Oberfläche unseres Nachbarplaneten gesetzt. Damit beginnt ein langer Forschungsaufenthalt, für den die Wissenschaftler ins All geschickt wurden.

Doch die vier Astronauten der Mars-Expedition sind nicht die einzigen mit diesem Reiseziel: Die durch Spenden finanzierte Initiative »Mars für Alle« zieht es ebenfalls auf den roten Planeten – die zwanzig Männer und Frauen möchten dort sesshaft werden und die erste Siedlung auf dem Mars gründen. Schon der Anfang birgt Schwierigkeiten: Das Raumschiff der MfA-Organisation, das kurz nach der NASA eintreffen soll, havariert im Orbit. Nur die vier NASA-Astronauten können jetzt noch helfen und versuchen, die Leben zu retten. Dabei ahnen sie nichts von der unvorstellbaren Katastrophe, die sich hinter ihrem Rücken anbahnt - und die ihre Existenz grundlegend in Frage stellt. Ganz zu schweigen von den alltäglichen Tücken, die ein Aufenthalt auf einem fremden Planeten mit sich bringen kann. Es beginnt ein Kampf um begrenzte Ressourcen, menschlichen Zusammenhalt und das nackte Überleben.

3,99 € – hardsf.de/links/527010

Mars Nation 2

Eine Totgeglaubte kämpft sich durch die lebensfeindliche Wüste des Mars. Mit ihrer Hilfe hofft die NASA-Basis auf dem Roten Planeten, ihr allergrößtes Problem zu lösen. Doch die Hoffnung zerbricht, weil eine unerwartete Bedrohung auftaucht, die alles zu zerstören droht, was sich der Rest der Menschheit bisher auf dem Planeten aufgebaut hat. Sie brauchen ein Wunder - oder einen Geist aus der Vergangenheit, dessen wahre Absichten niemand kennt.

3.99 € – hardsf.de/links/785340

Mars Nation 3

Liegt das Geheimnis des Mars an seinem Südpol vergraben? Während eine einsame Astronautin dort Hinweisen auf die früheren Marsbewohner nachgeht, übernimmt Rick Summers, der durch seine Intrigen zum Administrator der Mars-City aufgestiegen ist, mit Waffengewalt die Macht über alle Menschen auf dem Roten Planeten. Doch ihn erwartet eine böse Überraschung, der auch er nichts entgegenzusetzen hat.

3.99 € – hardsf.de/links/818192

Einschlag: Titan

Vor 250 Jahren hat sich die Menschheit zum großen Teil selbst zerstört. Ein versprengter Haufen von Forschern und Astronauten hat kurz vorher auf dem Saturnmond Titan eine neue Heimat gefunden – und überlebt, indem sich ihre Nachfahren der lebensfeindlichen Umgebung genetisch angepasst haben. Die Titanier, wie sie sich nennen, sind stolz auf die faire Gesellschaft, die sie sich aufgebaut haben, und weinen der alten, langsam wiedererstarkenden Heimat nicht hinterher. Doch dann löst sich aus dem Asteroidengürtel ein 30 Kilometer großer Gesteinsbrocken und nimmt Kurs auf die Erde. Für deren Bewohner muss es so aussehen, als ob das tödliche Bombardement von Titan aus gestartet wurde. Können die Titanier den Einschlag noch verhindern?

3,99 € – hardsf.de/links/733807

Das Triton-Desaster

Nick hält zwar den offiziellen Weltrekord für Starts ins All, aber eigentlich reizt ihn sein Astronauten-Job schon lange nicht mehr. Erst, als seine Frau ihn verlässt, ändert er sein Leben. Er geht auf das verlockende Angebot eines russischen Milliardärs ein: Wenn er eine simple Reparatur auf dem Neptun-Mond Triton übernimmt, ist er bei seiner Rückkehr mehrfacher Millionär und kann sich als Winzer in Kalifornien zur Ruhe setzen. Den Flug wird er allein unternehmen, und er dauert immerhin vier Jahre, doch das stört ihn nicht. Menschen mag er sowieso nicht besonders. Sein Auftraggeber verschweigt ihm allerdings etwas, das ihn sein Leben kosten könnte - und die Menschheit ihre Existenz ...

3,99 € – hardsf.de/links/680494

The Wall: Ewiger Tag

Judith Rosenberg, Kapitänin des Raumschiffes ARES, steht unter Druck. Nachdem die Vorgängermission abgestürzt ist, soll sie die ersten Menschen auf dem Mars absetzen. Maxim Gontscharow hat derweil mit anderen Problemen zu kämpfen. Er leitet den Aufbau einer internationalen Mondbasis am Südpol des Mondes, wo die Sonne fast immer scheint. Doch seiner Crew gehen langsam die Ressourcen aus. Die Menschheit scheint das Interesse am Mond verloren zu haben. Als die ARES auf einen interstellaren Besucher stößt, klären die Forscher auf dem Mond seine wahre Natur auf: eine Entdeckung mit furchtbaren Folgen, wie Judith und Maxim fast gleichzeitig feststellen müssen ... The

Wall: Ewiger Tag schildert ein schicksalhaftes Ereignis, das das Sonnensystem und all seine Bewohner verändert. Doch jedes Schicksal besitzt zwei Seiten. In The Wall: Ewige Nacht von Joshua Tree lernen Sie die andere Seite kennen.

3,99 € – hardsf.de/links/618875

Der Untergang des Universums

Milliarden Jahre lang hat sich die unsterblich gewordene Menschheit in der ganzen Galaxis ausgebreitet. Ihre größte Enttäuschung liegt darin, dass sie keine andere vernunftbegabte Spezies gefunden hat. Jetzt aber steht die Menschheit selbst vor dem Untergang, denn das Universum stirbt einen langsamen Tod. Ihre einzige Hoffnung liegt deshalb im »Rettenden Projekt«. Es soll das Schwarze Loch im Zentrum der Milchstraße in einen Quasar verwandeln, um den Menschen auch in ihren letzten Atemzügen genug Energie zu liefern. Doch dann geschieht etwas, das niemand erwartet hätte – und die Menschheit muss sich und ihre Existenz in völlig neuem Licht betrachten.

4,99 € – hardsf.de/links/527019

Der Untergang des Universums: Geisterreich

Milliarden Jahre lang hat sich die unsterblich gewordene Menschheit in der ganzen Galaxis ausgebreitet. Ihre größte Enttäuschung liegt darin, dass sie keine andere vernunftbegabte Spezies gefunden hat. Jetzt aber steht die Menschheit selbst vor dem Untergang, denn das Universum stirbt einen langsamen Tod. Ihre einzige Hoffnung liegt deshalb im »Rettenden Projekt«. Es soll das Schwarze Loch im Zentrum der Milchstraße in einen Quasar verwandeln, um den Menschen auch in ihren letzten Atemzügen genug Energie zu liefern. Doch dann geschieht etwas, das niemand erwartet hätte – und die Menschheit muss sich und ihre Existenz in völlig neuem Licht betrachten.

4,99 € – hardsf.de/links/566636

Der Untergang des Universums: Wiedergeburt

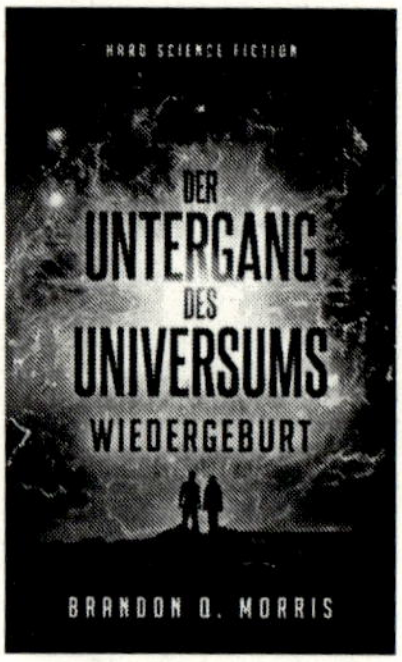

In den 1980er-Jahren finden sowjetische Wissenschaftler seltsame Informationen in der kosmischen Hintergrundstrahlung. Die Daten sind so außergewöhnlich, dass mächtige Kräfte in der Staatsführung die Forschungsergebnisse strikter Geheimhaltung unterwerfen, denn sie versprechen sich davon eine Waffe, die den Kalten Krieg entscheiden kann. Während sich die Spezialisten mit der Technik des 20. Jahrhunderts plagen, finden sie heraus, dass die Entdeckung ihre Wurzeln in viel, viel älteren Zeiten hat. Sie wagen schließlich ein Experiment, das die Welt gewaltig verändern könnte. Aber werden sie die Fähigkeit haben, diese enorme Macht unter Kontrolle zu halten – oder verfolgt sie längst ihr eigenen, gefährlichen Pläne?

4,99 € – hardsf.de/links/905653

Clouds of Venus

Die Venus ist ein lebensfeindlicher Planet, bedeckt von aktiven Vulkanen. Trotzdem startet die NASA eine Expedition, die nach Leben suchen soll, denn die dichten Wolken der heißen Schwester der Erde könnten dafür gute Bedingungen bieten. Ein speziell entwickeltes Airship dient den vier Astronauten als

Forschungsplattform. Doch dann entdecken sie auf der glühenden Oberfläche gefährliche Aktivitäten, für die es nur eine Erklärung geben kann: Dort muss eine hoch entwickelte Lebensform am Werk sein.

3,99 € – hardsf.de/links/527016

Helium-3: Kampf um die Zukunft

Das System ist ideal. Vier Gasriesen bieten die einmalige Chance, genug des seltenen Helium-3 abzubauen, um das Überleben ihrer Spezies zu sichern. Dafür haben sie eine lange und gefährliche Reise auf sich genommen – eine Expedition ohne Wiederkehr. Doch dann müssen sie feststellen: Sie sind nicht allein! Die Anderen sind genauso auf die wertvolle Ressource angewiesen wie sie – aber sie sind so grundverschieden, dass eine Verständigung aussichtslos erscheint. Alles, was bleibt, ist ein Kampf auf Leben und Tod – und um die Zukunft…

3,99 € – hardsf.de/links/527009

The Hole

Ein mysteriöses Objekt droht, unser Sonnensystem zu zerstören. Obwohl das Überleben der Menschheit auf dem Spiel steht, nimmt niemand die Entdeckung der jungen Astrophysikerin Maribel Pedreira ernst. Währenddessen schürft an der Grenze unseres Sonnensystems eine eingeschworene Crew von Außenseitern

auf einem Asteroiden nach seltenen Erzen – bis sich herausstellt, dass sie die Letzten und die Einzigen sind, die unsere Welt vielleicht noch retten können.

Denn The Hole rast unerbittlich auf die Sonne zu.

3,99 € – hardsf.de/links/526925

Silent Sun

Verhält sich die Sonne anders als vergleichbare Sterne? Als Astronomen auf Teleskopbildern eine seltsame Entdeckung machen, scheinen sie eine Erklärung für das Rätsel der Sonne gefunden zu haben. Was genau es ist, kann jedoch nur eine erfahrene Crew herausfinden. Vier Menschen machen sich auf den Weg und wissen genau: Was vor ihnen liegt, ist nicht nur bedeutsam für die Vergangenheit, sondern vor allem auch für die Zukunft der gesamten Menschheit.

3,99 € – hardsf.de/links/526991

Der Riss

Quer durch den Himmel verläuft ein Riss. Er ist über Nacht entstanden. Jeder Mensch kann ihn sehen, aber die Physiker verzweifeln, weil sie keinerlei Signale empfangen. Der Riss besteht buchstäblich aus Nichts. Zunächst scheint keine Gefahr von ihm auszugehen, doch dann passiert etwas, das die schlimmsten Befürchtungen der größten Pessimisten weit übertrifft.

3,99 € – hardsf.de/links/527001

Enceladus (Eismond 1)

Im Jahre 2031 finden Forscher in den Signalen einer Roboter-Sonde, die den Saturnmond Enceladus studiert, eindeutige Spuren biologischer Aktivität. Beweise für außerirdisches Leben – eine Weltsensation. Fünfzehn Jahre später macht sich ein eilig dafür gebautes, bemanntes Raumschiff auf die weite Reise zum Ringplaneten. Der Crew stehen nicht nur schwierige siebenundzwanzig Monate bevor: Falls sie es ohne Zwischenfall bis zum Enceladus schafft, muss sie mit einem Bohrschiff den Eispanzer des Mondes durchdringen. Denn Leben kann nur am Grunde des ewig dunklen Salz-Ozeans existieren, der sich vor Milliarden Jahren in der Schale des Eismondes gebildet hat, sagen die Astrobiologen. Doch schon kurz nach dem Start macht eine Katastrophe ein glückliches Ende des Abenteuers höchst unwahrscheinlich.

2,99 € – hardsf.de/links/526930

Titan (Eismond 2)

2005 setzt die von der Erde gesandte Sonde Huygens auf dem Saturnmond Titan auf. 40 Jahre später empfängt ein Radioteleskop Signale vom Titan, die nur von dem längst vergessenen Lander kommen können. Zur selben Zeit kehrt eine internationale Expedition gerade vom Nachbarmond Enceladus zurück. Die Crew landet auf Titan und stößt dort auf ein gefährliches Geheimnis, das ihre Rückkehr in Frage stellt. Gleichzeitig beginnt auf Enceladus ein Wettlauf mit dem Tod, mit dem niemand gerechnet hat – doch entscheiden können ihn nur die auf Titan festsitzenden Astronauten.

3,99 € – hardsf.de/links/526917

Io (Eismond 3)

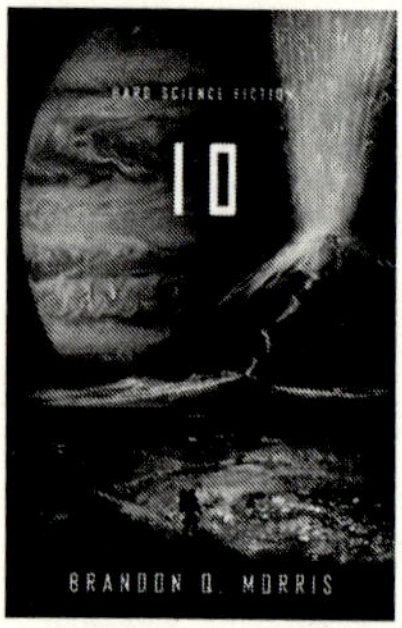

Der Jupitermond Io gilt mit seinen Lavaströmen, Schwefelseen, Strahlungsfeldern und ständigen Vulkanausbrüchen als extrem lebensfeindlich. Doch existiert dort wirklich eine Gefahr, die die gesamte Menschheit bedroht? Davor warnt das auf Enceladus entdeckte geheimnisvolle Wesen eindringlich. Die Crew der Internationalen Expedition, eigentlich auf der ersehnten Heimreise, begibt sich widerwillig auf die riskante Mission nach Io. Doch plötzlich droht ein Feind im Inneren, all ihre Hoffnungen zu zerstören, dass sie den Höllenmond lebend verlassen werden.

3,99 € – hardsf.de/links/526920

Enceladus - Die Rückkehr (Eismond 4)

Der russische Multimilliardär Nikolai Schostakowitsch bietet der Crew der ILSE an, eine weitere Reise zum Saturn-Mond Enceladus zu finanzieren. Das Angebot ist zu gut, um es abzulehnen – schließlich bietet die neue Expedition die einmalige Chance, den ehemaligen Bordarzt Marchenko zu retten. Allen ist klar, dass ihr Gönner auch andere Motive verfolgt. Doch die wahren Interessen des

Industriellen und die Gefahren, die er dadurch heraufbeschwört, übersteigen jegliche Vorstellungskraft.

3,99 € – hardsf.de/links/526919

Eismond - der Sammelband (Eismond 1-4)

Der Sammelband enthält die vier aufeinander aufbauenden Romane »Enceladus«, »Titan«, »Io« und »Enceladus – die Rückkehr«. Hinweis: »Enceladus«, das erste Buch der Reihe, ist hier in einer speziellen Version enthalten, die einer chronologischen Erzählweise folgt und einige zusätzliche Szenen bietet.

9,99 € – hardsf.de/links/526924

Jupiter (Eismond 5)

Das Expeditionsraumschiff ILSE ist mit brisanter Fracht auf dem Weg zur Erde. Doch plötzlich häufen sich die Fehlfunktionen und die Crew gerät in große Gefahr. Es scheint, als hätten alle Schwierigkeiten mit dem Riesenplaneten Jupiter zu tun, dessen Bahn das Schiff gerade kreuzt. Die Expedition bewegt sich auf eine Katastrophe zu – weil eine unbekannte Macht Pläne schmiedet, die die Zukunft der Menschheit beeinflussen sollen.

Jupiter spielt zum Teil zeitlich nach *The Hole*, Sie sollten also zunächst *The Hole* lesen.

3,99 € – hardsf.de/links/526995

Brandon Q. Morris in Englisch

Wussten Sie schon, dass viele meiner Titel auch in englischer Sprache erhältlich sind? Die Titel sind alle über Kindle Unlimited kostenlos zu lesen (oder für Käufer zum gewohnten Preis)

- The Enceladus Mission: hardsf.de/links/526999
- The Titan Probe: hardsf.de/links/527000
- The Io Encounter: hardsf.de/links/527008
- Return to Enceladus: hardsf.de/links/527011
- The Hole: hardsf.de/links/527017
- Silent Sun: hardsf.de/links/527020
- The Rift: hardsf.de/links/534396
- Proxima Rising: hardsf.de/links/610690
- Proxima Dying: hardsf.de/links/652197
- Proxima Dreaming: hardsf.de/links/705470
- Mars Nation 1: hardsf.de/links/762824

Brandon Q. Morris zum Hören

Auch als Hörbuch gibt es die meisten meiner Bücher bereits. Hören Sie doch mal rein! Bei Amazon zahlen Sie oft nur einen kleinen Aufpreis.

- Enceladus: hardsf.de/links/161101
- Titan: hardsf.de/links/160893
- Io: hardsf.de/links/160941
- Enceladus – Die Rückkehr: hardsf.de/links/160925
- Jupiter: hardsf.de/links/224451
- The Hole: hardsf.de/links/161021
- Silent Sun: hardsf.de/links/184274

- Der Riss: hardsf.de/links/304978
- Mars Nation 1: hardsf.de/links/348145

Science ohne Fiction?

Wenn Sie sich für die Geheimnisse des Alls interessieren, kann ich Ihnen noch diese Titel empfehlen:

- Die neue Biografie des Universums: hardsf.de/links/239871
- Die neue Biografie des Sonnensystems: hardsf.de/links/239894
- Die faszinierende Welt der Quanten: hardsf.de/links/239888
- Die faszinierende Welt von Relativität und Stringtheorie: hardsf.de/links/239889

Das Leben und der Tod der Sterne

Es gibt erstaunliche Parallelen zwischen Mensch und Stern: Während die Geburt bei allen im Grunde gleich abläuft, hängt der weitere Lebensweg von verschiedenen Bedingungen ab. Dazu gehören zum einen die Start-Voraussetzungen: Wer in einer gasreichereren Wolke geboren wird, neigt zu einem glanzvolleren, allerdings auch kürzeren Leben. Zum anderen spielen aber auch die Lebensbedingungen eine Rolle: Sternenbabys aus Mehrlingsgeburten etwa haben oft ein anderes Schicksal als Einzelkinder.

Zu klein: Braune Zwerge

Am Anfang steht wohl immer der Nebel. Zwar haben die Astronomen noch nicht alle Biografien komplett aufgezeichnet, doch geht man davon aus, dass auch der Weg zum Braunen Zwerg mit einer interstellaren Gaswolke beginnt. Diese ballt sich unter dem Einfluss der Gravitation zu einem Protostern zusammen, bis die Temperaturen im Inneren hoch genug sind, um die Kernfusion zu zünden. Allerdings kann es passieren, dass einfach nicht genug Rohstoff vorhanden ist. Entweder, weil die Gaswolke an sich schon zu klein war oder weil ein Riesenstern in der Umgebung zu viel Brennstoff weggepustet hat. Womöglich ist der Protostern auch als Teil eines Mehrfachsystems entstanden und seine Brüder haben sich einen größeren Anteil vom Primär-Vorrat gesichert.

Wie viel Kernbrennstoff genau benötigt wird, hängt von dessen Zusammensetzung ab – so wie Alkohol ja auch leichter brennt als Diesel. Sterne können allerdings umso besser zünden, je schwerer der Rohstoff bereits ist. Entspricht die Zusammensetzung unserer Sonne, dann werden für die Zündung etwa 75 Jupitermassen gebraucht (tausend Jupitermassen entsprechen ungefähr einer Sonnenmasse), im jungen Universum hingegen wurden noch 90 Jupitermassen benötigt. Wenn der Protostern leichter ist, kann es trotzdem zu Fusionsreaktionen kommen: ab 65 Jupitermassen etwa setzt die Lithiumfusion ein, schon ab 13 Jupitermassen verschmelzen Deuteriumkerne mit Protonen zu Helium. Weil aber in der Regel weder Lithium noch schwerer Wasserstoff (Deuterium) zu den Haupt-Bestandteilen eines Babysterns gehören, leuchtet dieser nur sehr schwach, er glüht nur.

Braune Zwerge erreichen meist ungefähr die Größe des Jupiter, dabei sind die leichteren Sterne größer als die schwereren, weil die Gravitation hier schwächer wirkt. Die Mini-Sterne altern relativ schnell. Schon kurz nach Zünden der Fusionsreaktionen beginnen sie abzukühlen. Die schwersten bekannten Vertreter haben eine Oberflächentemperatur von 2900 Kelvin. Auf der Oberfläche des bisher kühlsten beobachteten Braunen Zwergs WISE 1828+2650 ist es mit 27° Celsius sommerlich warm. Das Schicksal eines Braunen Zwergs ist relativ unspektakulär:

Er kühlt mit der Zeit immer weiter ab, bis er nach einigen Milliarden Jahren als Eiskugel durch das Weltall wandert.

Luhman 16 ist der dem Sonnensystem nächste Braune Zwerg. Das System ist etwa 6,5 Lichtjahre von der Sonne entfernt. Damit ist es nach Alpha Centauri und Barnards Pfeilstern das unserem Sonnensystem drittnächste Sternensystem. Dass die Objekte trotz ihrer vergleichsweise großen Nähe zu unserer Erde erst so spät entdeckt wurden, ist ihrer äußerst geringen scheinbaren Helligkeit geschuldet, die für Braune Zwerge sehr typisch ist.

Otto-Normal-Bürger des Weltalls: Rote Zwerge

Wenn der Protostern schwer genug ist, um die Wasserstoff-Fusion zu zünden, aber leichter als etwa eine halbe Sonnenmasse, dann entsteht ein sogenannter Roter Zwerg. Rote Zwerge sind im Prinzip der Otto-Normal-Bürger des Universums. Rund 70 Prozent der Sterne der Milchstraße gehören zu diesem Typ. Der gewöhnliche Rote Zwerg hat ein Zehntel der Sonnenmasse, sein Radius liegt bei 15 Prozent des Sonnenradius. Weil wegen der geringen Masse (und damit des geringen Drucks) die Kernfusion langsam abläuft, sind Rote Zwerge mit 2200 bis 3800 Kelvin Oberflächentemperatur vergleichsweise kalt (die Sonne ist an der Oberfläche 5800 Kelvin heiß).

Sie geben, der Name verrät es schon, vor allem langwelliges Licht ab, das eine niedrige Intensität besitzt. Am Himmel fallen sie deshalb kaum auf, obwohl sie das Gros der Sternen-Bevölkerung stellen.

Ihr gemütlicher Charakter verschafft ihnen allerdings einen großen Vorteil: Sie sind enorm langlebig. Da die entstehende Wärme durch Konvektion komplett nach außen abgeleitet wird, sammelt sich in ihrem Inneren kein Helium (als Abfall) an. Rote Zwerge können deshalb ihren

Wasserstoff-Vorrat optimal ausnutzen. Abhängig von der Masse erreichen sie so eine Lebenszeit von zehn Milliarden bis hin zu Billionen Jahren.

Doch auch diese Zeit geht irgendwann zu Ende. Der Rote Zwerg schrumpft dann. Da dadurch Energie frei wird, kann er auch den Rest Wasserstoff in seiner äußeren Hülle verbrennen, wo sonst der Druck nicht gereicht hätte. Wenn schließlich gar keine Fusionsreaktionen mehr möglich sind, kann der Stern seiner eigenen Gravitation nichts mehr entgegensetzen und schrumpft zu einem etwa erdgroßen Weißen Zwerg. Durch den Prozess des Zusammenziehens wird zunächst noch eine größere Menge Energie frei, wodurch sich die Oberfläche erhitzt: Der ehemalige Rote Zwerg leuchtet nun weiß, bevor er irgendwann ganz erkaltet.

Der dem Sonnensystem nächstgelegene Rote Zwerg ist Proxima Centauri. Ihn haben wir in der Proxima-Trilogie schon gemeinsam besucht.

Verwandte der Sonne: Hauptreihensterne

Ein Protostern, der wenigstens halb so schwer wie die Sonne ist, entwickelt sich (wie auch die Sonne) zum Hauptreihenstern. Dieses Stadium ist dadurch gekennzeichnet, dass in einem räumlich auf einige Prozent des Gesamtvolumens begrenzten Zentralbereich des Sterns Wasserstoff zu Helium fusioniert wird. Nach außen transportiert wird nur die entstehende Energie, die Fusionsprodukte verbleiben im Kern.

Der Stern verbringt etwa 90 Prozent seiner Lebenszeit in diesem Zustand (in dem sich derzeit auch unsere Sonne befindet). Dabei laufen die Fusionsprozesse umso heftiger ab, je schwerer der Stern ist. Daraus ergibt sich das Paradoxon, dass mit zunehmenden Brennstoffvorrat die

Lebenszeit abnimmt. Die schwersten Sterne leuchten zwar besonders hell, sterben dafür aber auch sehr jung. Unabhängig von der Masse werden die Hauptreihensterne aber im Laufe ihres Lebens immer heller, heißer und größer. Auch unsere Sonne leuchtet inzwischen etwa zwei Fünftel heller als nach ihrer Geburt.

Das Ende eines Sterns wird dadurch eingeleitet, dass ihm Wasserstoff als Brennstoff ausgeht. Bei genügend Druck im Inneren beginnt nun die Heliumverschmelzung. Dabei handelt es sich allerdings nicht um einen sanften Übergang, sondern um einen sich selbst verstärkenden, dramatischen Vorgang, einen so genannten Heliumflash: Binnen Sekunden erhöht sich die Menge der erzeugten Energie dramatisch. Unter dem Druck des Heliumflashs expandiert der Stern, er wird zum Roten Riesen und steigert dabei seinen Durchmesser oft auf das Hundertfache. Dabei kann es dazu kommen, dass die äußeren Hüllen abgestoßen werden – Astronomen können diese dann als planetaren Nebel beobachten.

Unter den sonnenähnlichen Hauptreihensternen ist uns Alpha Centauri am nächsten. Er ist ein Gelber Zwerg vom Spektraltyp G2 V. Damit gehört er wie die Sonne zu den heißeren G-Sternen. Die Leuchtkraftklasse V gibt an, dass er zu den Hauptreihensternen gehört. Er ist mit einer scheinbaren Helligkeit von 0,00 mag nach Sirius (-1,46 mag), Canopus (-0,72 mag) und Arktur (-0,05 mag) vor Wega (0,03 mag) der vierthellste Stern am Nachthimmel.

Der uns mit 37 Lichtjahren Abstand nächstgelegene Rote Riese ist Arktur. Es handelt sich dabei um einen Roten Riesen von orange-roter Farbe. Arktur ist mindestens 110 Mal heller als die Sonne. Da der Stern im Infrarotbereich viel mehr Strahlung als im sichtbaren Spektrum abgibt, beträgt die gesamte Abstrahlung etwa das 210fache der Sonne. Die im Verhältnis zur Sonne geringere

Abstrahlleistung im sichtbaren Bereich ist auf die kühlere Oberfläche zurückzuführen.

Die Zukunft der Sonne: Weiße Zwerge

Wie es weitergeht, hängt erneut von der Masse des Sterns ab: Bei weniger als 2,3 Sonnenmassen erlischt das Heliumbrennen irgendwann – typischerweise nach einer Million Jahren. Der Stern kollabiert dann unter seiner eigenen Gravitation und wird zum Weißen Zwerg. Dieses Schicksal steht auch der Sonne bevor. Weiße Zwerge bestehen meist aus einem Kern aus Sauerstoff, auf den eine Kohlenstoff- und schließlich eine Helium-Schicht folgen. Dass der Stern nicht immer weiter kollabiert, liegt an dem Gleichgewicht, das sich zwischen der Gravitation und dem Gegendruck des Kerns aufbaut. Bis etwa 1,44 Sonnenmassen Restmasse, der so genannten Chandrasekhar-Grenze, kann das Sterninnere dem Druck der Gravitation so weit widerstehen, dass die Entwicklung beim Weißen Zwerg stoppt.

Liegt die Masse des Sterns hingegen zwischen 2,3 und 3 Sonnenmassen, kann nach dem Heliumbrennen das Kohlenstoffbrennen einsetzen. Dabei entstehen Elemente bis hin zum Eisen. Danach ist Schluss, denn Eisen lässt sich nicht mehr exotherm fusionieren: Weitere Fusionsreaktionen schlucken Energie, statt welche abzugeben. Geht auch, nach einigen 10.000 Jahren, der Kohlenstoff als Brennstoff aus, blasen solche Sterne üblicherweise einen Teil ihrer Hülle als planetaren Nebel ins All. Schließlich teilen sie das Schicksal der Sonne und verwandeln sich in einen Weißen Zwerg.

Dieser Weiße Zwerg kühlt mit der Zeit ab und wird irgendwann zum Schwarzen Zwerg – es sei denn, er erleidet eine Supernova vom Typ I: Das kann ihm in Binärsystemen passieren, in denen zwei (oder auch mehr)

Sonnen umeinander kreisen. Falls sich der Begleiter irgendwann zum Roten Riesen aufbläht, kann es der Gravitation des Weißen Zwergs gelingen, dessen Materie abzuziehen. Der Zustrom frischen Materials bringt den Weißen Zwerg aus dem Gleichgewicht – und er explodiert in einer Supernova.

Der dem Sonnensystem nächstgelegene Weiße Zwerg ist Sirius B. Er ist nur etwa so groß wie die Erde und wegen seiner Nähe einer der bestuntersuchten Weißen Zwerge überhaupt. Die Beobachtung wird dadurch erschwert, dass er durch die große Helligkeit von Sirius A überstrahlt wird. Sirius B hat 98 Prozent der Masse der Sonne, aber nur 2,7 Prozent ihrer Leuchtkraft.

Extrem dicht: Neutronensterne

Ein spektakuläres Ende erleiden Sterne, die mindestens etwa dreimal so schwer wie die Sonne sind. Ihnen gelingt es, in verschiedenen Schalen in ihrem Inneren alle Elemente bis hin zum Eisen als Brennstoff zu verwenden. Ihr nur 10.000 Kilometer durchmessender Kern besteht dann in der Regel aus Eisen und schwereren Elementen.

Was dem sterbenden Stern nun passiert, hängt vor allem von diesem Kern ab. Wenn er die oben beschriebene Chandrasekhar-Grenze überschreitet, kann seine Materie der eigenen Gravitation nicht mehr widerstehen und kollabiert zu einem Neutronenstern. Seine Materie wird so stark zusammengepresst, dass die Elektronen der Atomhülle mit den Protonen des Atomkerns zu Neutronen verschmelzen (dabei werden Elektron-Neutrinos frei). Der Kern stößt gleichzeitig in einer gigantischen Explosion, einer Supernova, seine Hülle ab.

Bei einem Neutronenstern handelt es sich um ein sehr kompaktes Objekt – bis zu 3 Sonnenmassen befinden sich in einer Kugel mit 20 Kilometer Durchmesser. Ein Kubikzentimeter davon wiegt etwa so viel wie ein Eisenwürfel mit einem Kilometer Kantenlänge. An der Oberfläche herrscht eine 200 Milliarden mal stärkere Gravitation als auf der Erde. Fiele dort ein Gegenstand aus einer Höhe von einem Meter auf den Boden, schlüge er nach einer Mikrosekunde mit 7,2 Millionen Kilometern pro Stunde auf.

Neutronensterne leuchten zwar nicht mehr von sich aus. Wegen ihrer oft ungewöhnlichen Eigenschaften hat man sie aber schon früh entdeckt. Bei der plötzlichen Kontraktion des Sterns wird zum Beispiel auch dessen Magnetfeld mit eingefroren. Wenn der Neutronenstern nun auch noch rotiert, gibt der Stern Radiostrahlung ab, die Astronomen als Pulsar auffangen können.

Den Aufbau eines Neutronensterns konnten die Forscher natürlich noch nicht nachprüfen. Aus der Theorie ergibt sich aber eine Schalenstruktur: Die äußere Kruste besteht aus Eisenatomen und -ionen, die ein Kristallgitter bilden. Ab einer Tiefe von zehn Metern beginnt die innere Kruste – der Druck ist hier schon so hoch, dass auch freie Neutronen überleben können. Ab zwei Kilometern Tiefe beginnt der äußere Kern, der von Neutronen dominiert wird, aber auch Protonen und Elektronen enthält. Er müsste nach der Theorie sowohl supraleitend als auch superflüssig sein – es gibt keine innere Reibung mehr. Wie der innere Kern aussieht, darüber kann man nur spekulieren. Entweder setzt er sich aus exotischeren Teilchen wie Pionen und Kaonen zusammen, die dort ein Bose-Einstein-Kondensat bilden, also alle denselben Quantenzustand einnehmen, oder es treten sogar freie Quarks auf, die Bausteine der Elementarteilchen.

Die Seltsamen: Quarksterne

Falls das der Fall ist, spricht man auch von einem Quarkstern. Theoretisch – denn solche Objekte konnte man bisher nicht nachweisen – könnte jeder Neutronenstern zu einem Quarkstern werden, wenn sich seine Masse der sogenannten Tolman-Oppenheimer-Volkoff-Grenze annähert, ohne sie zu überschreiten. Diese Grenze liegt zwischen 1,5 und 3 Sonnenmassen.

Physiker interessieren sich für Quarksterne, weil sie einer der wenigen Orte sein müssten, an denen auch die hypothetische Seltsame Materie existieren kann. Sie besteht aus den zum Standardmodell der Physik gehörenden Strange-Quarks. Seltsame Materie müsste, wenn sie mit mehr als 1000 Protonenmassen schwer genug ist, stabil sein.

Zwar dürfte es schwer möglich sein, Quarksterne direkt von gewöhnlichen Neutronensternen zu unterscheiden. Bei der Verschmelzung zweier Objekte dieses Typs zu einem Schwarzen Loch zeigen Computersimulationen des MPA Garching aber deutliche Unterschiede. Die dabei abgestrahlten Gravitationswellen sollten höhere Frequenzen als bei Neutronensternen aufweisen – so könnte man die seltsamen Sterne indirekt nachweisen.

Wo Raum und Zeit bedeutungslos sind: Schwarze Löcher

Überschreitet der Neutronenstern allerdings die Tolman-Oppenheimer-Volkoff-Grenze (das entspricht acht Sonnenmassen beim Ausgangsstern), können auch die Neutronen der Gravitation nicht mehr genug entgegensetzen, und es formiert sich ein Schwarzes Loch. Dessen Anziehungskraft ist so groß, dass ihr nicht einmal Licht entkommen kann –

was einmal hinter dem so genannten Ereignishorizont verschwindet, kommt nie wieder ans Tageslicht. Dieser Bereich hätte bei einem Schwarzen Loch mit der Masse der Sonne einen Radius von einigen Kilometern. Wegen der Rotation der meisten Schwarzen Löchern ist er jedoch selten kugelförmig, sondern hat die Form eines Rotationsellipsoids (ein Körper, aufgespannt aus einer rotierenden Ellipse).

Vorhergesagt wurden Schwarze Löcher schon im neunzehnten Jahrhundert. Bis in die 1960er Jahre hielt man sie jedoch eher für eine mathematische Kuriosität, eine spezielle Lösung von Einsteins Gleichungen der Allgemeinen Relativitätstheorie für punktförmige Massen. Als man 1967 jedoch Pulsare (Neutronensterne) entdeckte, rückten sie in den Bereich des Möglichen. 1971 identifizierte man dann mit Cygnus X-1/HDE 226868 den ersten Kandidaten für ein Binärsystem aus Schwarzen Löchern.

Beobachten lassen sich Schwarze Löcher nicht direkt – wohl aber über ihre Wirkung. So kann man zum Beispiel die Bahnen anderer Sterne in Mehrfachsystemen untersuchen, die auf das Vorhandensein eines unsichtbaren Objekts schließen lassen. Schwarze Löcher können durch ihre Anziehungskraft auch als Gravitationslinsen wirken und das Licht eigentlich weit hinter ihnen stehender Sterne verstärken – bei der Beobachtung ergibt sich dann ein Unterschied zwischen tatsächlicher und nach der Natur des Himmelsobjekts zu erwartender Helligkeit.

Wie es im Inneren eines Schwarzen Lochs aussieht, ist ebenso schwer zu ermitteln wie der Zustand des Universums kurz nach dem Urknall. Das Hauptproblem besteht darin, dass es sich um eine Singularität handelt, in der die derzeit bekannten Gesetze nicht mehr gelten. Die Dichte eines Schwarzen Lochs geht gegen unendlich. Die Begriffe Raum und Zeit verlieren ihren Sinn, deshalb spricht man auch von einem Loch in der Raumzeit. Womöglich bilden Schwarze Löcher Übergänge in andere Universen – das sind aber Spekulationen, mit denen sich vor allem die Science Fiction befasst.

Schwarze Löcher gibt es aber nicht nur als Überbleibsel einer Sternenexplosion: Fast jede Galaxis besitzt in ihrem Zentrum ein überschweres Schwarzes Loch. Man vermutet, dass diese Riesen sich zum einen an Materie aus der Galaxis groß gefressen haben, zum anderen aber auch bei Galaxien-Verschmelzungen ihre heutige Masse erreicht haben.

Auch im Kern der Milchstraße vermutet man mit Sagittarius A* ein solches riesiges Schwarzes Loch. Es ist ungefähr so schwer wie vier Millionen Sonnen – diese Masse konzentriert sich auf eine Kugel mit 44 Millionen Kilometer Durchmesser. Im Sonnensystem würde dieses Schwarze Loch bis halb an den innersten Planeten Merkur heranreichen.

Noch seltsamer: Exotische Sterne

Quarksterne sind zwar aus Seltsamer Materie, stellen aber nicht die seltsamsten Objekte dar, die sich Wissenschaftler vorstellen können. Drei weitere Kandidaten für diesen Preis gibt es. Da wäre zunächst der Elektroschwache Stern. Er erzeugt Energie, indem er Quarks zu Leptonen (dazu gehören unter anderem Elektronen) »verbrennt«, ein Prozess, der der elektroschwachen Wechselwirkung zuzuordnen ist. So ein Stern könnte die letzte Stufe vor dem Schwarzen Loch darstellen, weil die dadurch erzeugte Energie womöglich den Gravitationskollaps noch aufhält. Der Kern, in dem die Reaktion stattfindet, wäre gerade einmal so groß wie ein Apfel, hätte aber die Masse zweier Erden. Die elektroschwache Verbrennung könnte als letzte

Phase vor der Entstehung eines Schwarzen Lochs bis zu zehn Millionen Jahre andauern.

Ebenfalls reine Theorie sind die Preonensterne. Preonen sind hypothetische, punktförmige Teilchen, aus denen sich Quarks und Leptonen aufbauen. Aktuelle Experimente sprechen eher gegen ihre in den 70-ern populäre Existenz. Preonensterne müssten nach der Theorie ungeheuer dicht sein, dürften aber nur einen Radius von 40 Metern haben und so viel wie 0,013 Sonnen wiegen.

Etwas wahrscheinlicher sind da schon die Bosonen-Sterne. Bosonen sind Elementarteilchen, die einen ganzzahligen Spin (Drehimpuls) besitzen. Dazu gehören zum Beispiel das Photon (Lichtteilchen) und das Higgs-Boson, nach dem Physiker am Teilchenbeschleuniger LHC suchen. Sie können alle denselben Quantenzustand einnehmen – anders als ihre Brüder, die Fermionen, aus denen gewöhnliche Materie besteht. Deshalb lassen sie sich besonders dicht packen. Als Alternative zu den beobachteten Schwarzen Löchern etwa im Kern der Milchstraße kommen sie allerdings nicht in Betracht, da diese Objekte dann deutlich größer sein müssten.

Wie groß können Sterne sein? Die Hyperriesen

Noch massereichere Sterne sind im beobachtbaren Teil des Universums eher selten. Das könnte physikalische Gründe haben: Wenn der Stern zu viel Energie erzeugt, kann seine eigene Gravitation dem Druck aus seinem Inneren nicht mehr standhalten und ein Teil der Hülle wird ins All geblasen – bis sich wieder ein stabiles Gleichgewicht einstellt.

Das scheint auch dem mit 265 Sonnenmassen bisher schwersten entdeckten Stern R136a1 geschehen zu sein:

Bei seiner Entstehung, vermuten Astronomen, besaß er noch 50 Sonnenmassen mehr. Der 165.000 Lichtjahre von der Erde entfernte Hyperriese leuchtet 8,7 Millionen mal heller als die Sonne.

Zum Ende seiner vergleichsweise kurzen Lebenszeit steht ihm wahrscheinlich eine Hypernova bevor – eine Supernova, die sich durch eine besonders hohe Energieabgabe auszeichnet, die etwa 100 Supernovas entspricht. Einige Forscher vermuten, dass das Massensterben auf der Erde vor 440 Millionen Jahren durch die Hypernova eines nahen Sterns ausgelöst wurde – schlüssige Beweise dafür gibt es allerdings nicht. Inzwischen gibt es keinen ausreichend großen Stern in Erdnähe mehr, der Kandidat für eine Hypernova sein könnte.

Welche blauen Hyperriesen gibt es?

- Deneb, der von der Erde aus hellste Stern im Sternbild des Schwans, der zusammen mit Altair und Wega das Sommerdreieck bildet.
- P Cygni ebenfalls im Sternbild des Schwans, dessen extrem schwankende absolute Helligkeit die von Deneb derzeit sogar noch übertrifft.
- S Doradus in der nahen Galaxie Große Magellansche Wolke.
- Eta Carinae innerhalb des Carinanebels (NGC 3372). Eta Carinae ist extrem massereich, möglicherweise hat er eine bis zu 120 oder 150-fache Sonnenmasse und ist 4 oder 5 Millionen Mal heller als die Sonne.
- Der Pistolenstern im Quintuplet-Sternhaufen nahe dem Zentrum unserer Galaxie im Sternbild Schütze. Es ist möglich, dass dieser Stern die 150-fache Sonnenmasse aufweist und 1,7 Millionen Mal heller als die Sonne ist.

- Mehrere Sterne im Sternhaufen 1806–20. Diese befinden sich auf der unserem Sonnensystem gegenüberliegenden Seite unserer Galaxie. Einer dieser Sterne, LBV 1806–20, ist der hellste bisher bekannte Stern, etwa zwei bis 40 Millionen Mal so hell wie die Sonne. Gleichzeitig gehört er zu den massereichsten Sternen überhaupt.

Welche Gelben Hyperriesen gibt es? Nur sieben Exemplare sind in unserer Galaxie bekannt:

- Rho Cassiopeiae (7 Cas) im nördlichen Sternbild Kassiopeia ist etwa 550.000 mal heller als die Sonne und 10.000 Lichtjahre von uns entfernt. Aufgrund seiner derzeitigen Pulsationen ist er ein Kandidat für die nächste Supernova in unserer Galaxis.
- V509 Cassiopeiae
- V382 Carinae
- IRC+10420, im Sternbild Adler
- HR 5171 A, im Sternbild Zentaur
- einige Sterne im Sternhaufen Westerlund 1

Welche Roten Überriesen gibt es?

- RW Cephei
- NML Cygni
- VX Sagittarii
- S Persei
- WOH G64

Unter allen astronomischen Objekten ist ein nicht ganz unansehnlicher Stern übrigens am allerbesten zu beobachten – unsere Sonne, unsere Lebensspenderin. Im Mittel 1367 Watt pro Quadratmeter erreichen uns von ihr, etwa so viel wie eine Waschmaschine verbraucht. Knapp ein Drittel davon reflektiert unser Planet, aber der Rest genügt, zusammen mit dem Treibhauseffekt der Atmosphäre, die Erdoberfläche auf etwa 15 °C zu erwärmen. Also danken Sie der Sonne am besten bei Ihrem nächsten Blick gen Himmel.

Tipp: Wenn Sie diesen populärwissenschaftlichen Einschub als reich illustriertes PDF lesen möchten, tragen Sie doch unter hardsf.de/fortsetzung/ Ihre Adresse ein.